中国名村志文化工程
Culture Project of Local Records of China's Famous Villages
中国名村志丛书

莲麻坑村志

LOCAL RECORDS OF LIANMAKENG

香港特别行政区新界莲麻坑村志编纂委员会　编

方志出版社
Publishing House of Local Records

图书在版编目（CIP）数据

莲麻坑村志 / 香港特别行政区新界莲麻坑村志编纂委员会编 . — 北京 : 方志出版社，2022.9

（中国名村志丛书）

ISBN 978-7-5144-4979-2

Ⅰ. ①莲… Ⅱ. ①香… Ⅲ. ①乡镇—地方志—新界 Ⅳ. ① K294.585

中国版本图书馆 CIP 数据核字（2022）第 111308 号

责任编辑：程倩
责任校对：刘玉霞
责任印制：赵楚
出 版 者：方志出版社
地　　址：北京市朝阳区潘家园东里 9 号（国家方志馆 4 层）
邮　　编：100021
网　　址：http://www.zgfzcb.cn
发　　行：方志出版社图书营销中心（010-67110500）
印　　刷：北京中科印刷有限公司
开　　本：787 毫米 ×1092 毫米　1/16
印　　张：16.25
字　　数：337 千字
版　　次：2022 年 9 月第 1 版
印　　次：2022 年 9 月第 1 次印刷
定　　价：132.00 元

◉ 序一

中共十九大报告明确提出："坚定文化自信，推动社会主义文化繁荣兴盛。""没有高度的文化自信，没有文化的繁荣兴盛，就没有中华民族伟大复兴。要坚持中国特色社会主义文化发展道路，激发全民族文化创新创造活力，建设社会主义文化强国。"编修地方志是中华民族千百年来的固有传统，留下了浩如烟海的历史文献，承担着传承中华文明、发掘历史智慧的重任，发挥着存史、育人、资政的作用。

在习近平新时代中国特色社会主义思想指引下，在增强文化自信、推动传统文化创造性转化、创新性发展背景下，全国地方志事业迎来了开拓创新与转型升级的重要机遇期。中国地方志指导小组及其办公室组织实施的中国名村志文化工程，用中国独有的文化载体——地方志，来记录乡村的"名"和"特"，记录乡村全面建成小康社会的进程和取得的成就，是地方志围绕以人民为中心开拓创新的具体举措，是传承乡土文化、坚定文化自信、加快建设社会主义文化强国的内在要求，是服务乡村振兴战略、加快全面建成小康社会、推进社会主义现代化建设、实现中华民族伟大复兴中国梦的应有之义。

实施中国名村志文化工程，是方志人贯彻落实习近平总书记"农村要留得住绿水青山，系得住乡愁"重要讲话精神的重要举措。"望得见山、看得见水、记得住乡愁……"习近平总书记用诗意的语言为中国的新农村建设指明了方向。开展新农村建设、美丽乡村建设，一定要把绿水青山保留下来，尽可能在原有村庄形态上改善农民生活条件，不盲目拆旧，也不盲目造新，让家乡的每一条河、每一棵树、每一口井，都能永远成为我们的乡愁。这是我们弘扬传统、面向未来的底气所在。那么，如何留住乡音、乡风、乡思，继承传统文化菁华，挖掘历史智慧，成为极其重要的工作。实施中国名村志文化工程，保护抢救、传承保存、开发利用宝贵的村落文化，重新唤起人们记忆中古老村落的青山绿水、小河大树、轶事掌故，打造完整记录乡村发展嬗变和现代化农村经济社会运行模式的系列中国名村志丛书，让乡土文化回归并为困惑的当代人提供精神家园，让农耕文化的优秀菁华成为建构农村文明的底色，无疑具有重要的现实意义和深远的历史意义。

实施中国名村志文化工程，是方志人贯彻落实党中央乡村振兴战略的鲜活实践。中共十八大以来，以习近平同志为核心的党中央高度重视农业、农村、农民工作，提出了许多新理念、新思想、新战略，特别是中共十九大报告作出实施乡村振兴战略的重大部署。2018 年 9 月 26 日，中共中央、国务院印发《乡村振兴战略规划（2018—2022 年）》，明确提出“鼓励乡村史志修编”。深入推进中国名村志文化工程，有利于全面翔实记录乡村振兴进程，客观记载地理环境、历史沿革、姓氏源流、人口、民族、方言、民居、宗祠、风俗习惯、家谱族谱、家规族规、宗教信仰、文物遗址、掌故传说、历史事件、人物等，完整保留乡土文化的原貌。所有这些工作，可以为延伸地方志工作触角，充分发挥志书存史、育人、资政功能提供借鉴；可以为社会各界和华人华侨、港澳台同胞寻根问祖、反哺桑梓、泽被乡里提供帮助。依托中国名村志文化工程的重要平台与载体，乡村振兴战略下的现代乡村将进一步挖掘自身独特内涵，彰显其新时代的作用及意义。

中国名村志文化工程从新时代中国特色社会主义的新需求出发，创新体例，立足实际，内容既严谨又通俗，展示了不同地区自然和社会风貌，在坚持志体基础上运用专题报告、回忆录、人物访谈、新闻资料等多种手法，重点介绍农村地区在转型发展方面的探索、示范、引领意义，对于不断提高地方志事业围绕中心服务大局的能力，为乡村改革发展贡献历史智慧，讲好中国故事，彰显中国软实力，增强“四个自信”等方面具有积极意义。

两年来，在借鉴中国名镇志丛书及各地乡镇（村）志宝贵编纂经验的基础上，中国名村志丛书编修不断取得丰硕成果，产生了良好的社会效益，新一批中国名村志的申报数量、覆盖范围延续强劲增长态势，充分体现出强大的内生动力。下一步，要总结经验、把握规律，为服务国家城镇化建设和乡村振兴战略打造更多优秀文明成果，推动中华优秀传统文化创造性转化和创新性发展，从中提炼出适合新时代、新形势、新变化、新要求的文化精髓，展现中国方志的当代价值和世界意义。

是为序。

中国社会科学院原院长
中国地方志指导小组原组长　谢伏瞻

◉ 序二

连绵不断地编修地方志是中国独有的优秀文化传统，承担着赓续文明、传承文化的重任。保存至今的 8000 余种、10 万余卷历代方志，蕴含着传统文化基因和海量文化信息，既是中华优秀传统文化的重要组成部分，又是传承、彰显中华优秀传统文化的重要载体。

在各种类型的地方志编纂中，村志编纂古已有之，但从未进入国家层面的地方志编纂序列。新中国成立以来，党中央、国务院高度重视包括村志编纂在内的地方志工作，出台了重要文件。中央领导发表了重要讲话、作出了重要批示。习近平总书记高度重视包括村志编纂在内的地方志工作。2004 年 10 月，他在担任浙江省委书记时到江山市凤林镇白沙村考察，看到村民编纂的《白沙村志》，鼓励村民把村志继续编纂下去。2014 年 4 月，刘延东副总理在与第五次全国地方志工作会议部分会议代表座谈时指出："要结合发展的新形势，加强对地方志包括部门志、行业志、专题志、乡镇村志编纂的业务指导和服务。"2015 年 8 月，国务院办公厅印发的《全国地方志事业发展规划纲要（2015—2020 年）》，正式将中国名村志文化工程列为主要任务之一。2017 年 5 月，中共中央办公厅、国务院办公厅印发的《国家"十三五"时期文化发展改革规划纲要》指出："完成省、市、县三级地方志书出版工作。开展旧志整理和部分有条件的镇志、村志编纂。"可以说，村志编纂迎来了历史上的最好时期。

农业、农村、农民"三农"问题，是数千年来影响中国社会发展最核心的问题。中共中央高度重视"三农"工作，从 2004 年起，连续 13 年，每年的中央 1 号文件都聚焦"三农"。中共十九大报告更是提出"农业农村农民问题是关系国计民生的根本性问题，必须始终把解决好'三农'问题作为全党工作重中之重"，特别是提出了"乡村振兴战略"，这是中国共产党在中国特色社会主义进入新时代后，对农村发展问题所做出的准确把握和与时俱进的战略应对，是建设中国特色社会主义强国战略的重要组成部分。改革开放近 40 年来，在党中央、国务院高度重视社会主义新农村建设的新形势下，各地涌现出一大批历史文化名村、经济强村、新农村建设示范（试点）村、美丽乡村和特色村，成为先进生产力和先进文化的代表。客观记录中国农村全面建成小康社会的进程，向后人展示在中国共产党领导下农村千年未有的巨变，是地方志工作者肩负的光荣而重大的历史使命。编纂中国名村志丛书，是记载当代中国农村发展变革的重要途径。

文化寻根，寻的是其发展的源头和根基。村落是中国传统文化的根基所在。农村的生产生活方式、社会规范、宗族文化、宗教文化、民风习俗、传统节日、民间艺术等，无不镌刻着中国人独特的民族性格，这就是家国情怀、文脉绵延、精神归属。在快速城镇化进程的冲击和开发性破坏下，大量传统村落面临消亡的危机，村落蕴含的历史文化信息也流失殆尽，抢救性保护刻不容缓。编纂中国名村志丛书，是保存村落历史文化信息，抢救、保护村落文化最好的方式。

一方水土养一方人。家乡的山水草木、村间小巷、乡俗民情会在每个人心头留下深刻的烙印，这就是故土情结。而村落的形成与发展离不开人的活动。编纂中国名村志丛书，通过记述村落建筑、名门望族来追溯村落的历史；通过记述村落规模、布局、人口、物产等反映人口来源、宗族兴衰、生活习惯、文化背景、宗教信仰、经济发展等，体现环境与人相互影响、相互作用、相互发展的既矛盾又统一的关系；通过记述戏剧、音乐、舞蹈、美术、文学、手工技艺等文化形式，展示百姓在长期的生产生活实践中摸索和总结出的智慧结晶，强化人们沟通感情的纽带。编纂中国名村志丛书，是传承乡俗、诉说乡音、记住乡愁、纾解乡思，激活历史传统、唤起共同文化记忆、塑造共同心灵认同的重要文化工程。

中国名村志文化工程以践行文化自信、传承中华文脉、彰显时代发展为己任，以打造全国地方志系统的重要品牌为目标，在体裁运用、篇目设置、资料选择等方面进行大量的创新，突出“名”和“特”，拣选各个名村中最值得记述、最具有代表性的人、事、物，予以浓墨重彩的描画，从而形成系列的、高质量的、可读性强、雅俗共赏的地方志读本，让地方志紧接地气、贴近百姓，让地方志成果进入寻常百姓家，让人民群众共享地方志成果，让越来越多的人从地方志中感知传统、历史和记忆，成为传统村落和传统文化的守护者，成为中华优秀文化的传承者。

是为序。

中国社会科学院原院长
中国地方志指导小组原组长　王伟光

◉ 序三

习近平总书记指出：“让居民望得见山、看得见水、记得住乡愁。”这句富有诗意的重要论述不仅唤醒了中国人城镇化建设过程中对于人和自然关系、人和历史关系的思考，同时也引发了学界对“乡愁”进一步进行文化意义解读的兴趣。从本质上看，乡愁是一种源自主体体验的情感，隐含了一种人们带着乡愁追寻自我生存与生命意义、追寻诗意栖居的精神家园的美学思辨。同时，这种追寻自我生存的主体逐渐转向大众群体，乡愁也由传统单一的“文化乡愁”“爱国情怀”演变为对于“理想家园”的精神追求。

中国有近 60 万个村庄，约有 5000 个古村落，被住房和城乡建设部、国家文物局界定的传统村落就有 1561 个。随着中国城镇化步伐的加快，乡村的版图日渐凋敝，大批农村青壮年劳动力走进城镇，融入了新的生活。然而，每逢传统佳节，那种挥之不去的离愁别绪挟裹着亿万农民工，又融入了返乡的滚滚洪流。这是乡愁的情愫牵动着他们，是故乡的山、故乡的水、故乡的老屋、故乡的小吃在牵动着他们，是故乡家家户户的楹联和口口相传的故事，以及只有在隆重的传统佳节才有的古老的民风习俗在牵动着他们。

文化可以体现一个民族、一个国家、一个社会的重量与体温，这是文化的力量之所在，而村落是传统中国的根脉所系，乡土社会是最能够体现中国传统文化特征的地方。梁漱溟曾指出：“中国文化是以乡村为本，以乡村为重，所以中国文化的根就是乡村。”我曾在《建设社会主义新农村的理论与实践》一书中指出，在新农村建设的过程中，必须“保护和发展有地方和民族特色的优秀传统文化，创新农村文化生活的载体和手段，满足农民群众多层次、多方面的精神文化需求”，而编纂村志尤其是实施中国名村志文化工程就是一个重要举措。实施中国名村志文化工程，编纂中国名村志丛书，以最基层的村落为研究对象，寻根传统村落的历史，梳理村落的发展脉络，以唤起人们的归属感和认同感，探索新型城镇化和社会主义新农村建设过程中，如何留住乡音、乡风、乡思，继承传统文化菁华，挖掘丰富历史智慧，是贯彻落实中央城镇化工作会议精神和中共十九大提出的“乡村振兴战略”的重要举措，是当前和今后一个时期全国地方志工作者的重要工作。

虽然村落文化正在日益远离当下生活，但我们可以抓住诸如基本村情、文物胜迹、古村保护、特色文化、旅游名胜、村域经济、风土民情、村民生活、新农村建设、艺文杂记、名人与名村等关键内容，通过志书的手法来诠释乡村文化的精华。我们如实记录着村落里的人和事，以及青山绿水、小河大树、袅袅炊烟，力争以最完整、最原真的方式呈现村落的前世今生。我们要为“迷失”的人留住乡村文化的根脉，让人们难以割舍的乡愁得以慰藉和释放。

中国名村志文化工程将触角伸向那些极具代表性的村落，它们有的历史悠久、名人辈出，有的经济腾飞、重获新生，有的风景秀丽、景观独特，有的地处边陲、神秘莫测……我们挖掘中国不同类型村落的发展之路，为探索新型城镇化和社会主义新农村建设的发展经验、发展模式、前进道路提供历史智慧和现实借鉴。因此，打造以重在表现乡村嬗变为主旨的中国名村志丛书十分必要和迫切，这是一项功在当代、利在千秋的文化工程。

近年来，随着中国经济社会的发展和国际地位的提高，越来越多的人想要认识中国、了解中国、研究中国。在这样的形势下，乡村是不可或缺的一环，我们要集中讲好发生在乡村的故事，向世界呈现一个多元的、立体的中国。乡村历经岁月变迁的风雨，见证着改革开放的步伐，寄托着数代中国人的情感。发生在乡村的故事无疑是血肉丰满的、震撼人心的、引起共鸣的。我们应该有这个自信能够讲好乡村故事，讲好中国故事，描绘出中国的底色，“让每一个中国人都能在地方志中找到自己的位置”。

可喜的是，越来越多的有识之士认识到了这一点，加入到保护、传承、发展村落文化的队伍中来。仅就编纂中国名村志丛书来看，第一批的申报范围就涵盖包括香港特别行政区在内的 32 个地区，申报数量高达 70 余部。“直笔著信史，彰善引风气，为当代提供资政辅治之参考，为后世留下堪存堪鉴之记述”，这是我们的初心和使命。希望中国名村志文化工程的实施，能够带动更多的人关注中国乡村文化，为社会主义文化强国建设作出更大的贡献。也希望越来越多的名村都来融入继承中华文化传统、颂扬中华传统文化的活动中，让正能量更多地润泽温暖人们的心灵，让更多的人“记得住乡愁”！

是为序。

中国社会科学院原副院长
中国地方志指导小组原常务副组长

香港特别行政区新界莲麻坑村志编纂委员会

主　　任　叶华清

委　　员　叶长风　叶汉雄　刘蜀永　苏万兴　姜耀麟
　　　　　严柔媛

香港特别行政区新界莲麻坑村志编辑部

主　　编　刘蜀永　苏万兴

编　　辑　姜耀麟　严柔媛

◉ 中国名村志丛书凡例

一、以马克思列宁主义、毛泽东思想、邓小平理论、“三个代表”重要思想、科学发展观、习近平新时代中国特色社会主义思想为指导，坚持辩证唯物主义和历史唯物主义的立场、观点和方法，存真求实，全面、客观、系统记述中国名村村落发展变化进程和改革开放成果，反映小康社会建设过程，传承和抢救乡土历史文化，激发爱国爱乡情怀，留住乡愁，为服务乡村振兴战略提供历史智慧和现实借鉴。

二、为全面反映入志事物发展脉络，各志上限尽量追溯至事物发端，下限一般断至各志启动编修年份，个别重大事项可延至搁笔。详今明古，着重反映时代特色和地方特点，重点体现各村的“名”与“特”。

三、记述地域范围以下限年份的行政辖区为主。为体现名村在更大区域内的意义，可以从更开阔的区域视野记述与该村相关的内容。

四、统一采用纲目体，设类目、分目、条目三个层次。横排门类，纵述史实，述而不论。

五、综合运用述、记、志、传、图、表、录等体裁，以志体为主。体裁运用适当创新，篇目设置不求面面俱到。

六、除引用文字和附录文献资料外，统一使用规范的现代语体文记述，文字朴实、严谨、简洁、流畅、优美，可读性强。

七、人物部类遵循“生不立传”原则，人物传主按生年排序，只选录对本村发展有重大影响的人物，不面面俱到。

八、各项数据一般采用国家统计部门数据。数据缺乏的，采用主管部门或主办单位正式提供的数据。

九、数字用法、标点符号用法分别采用国家标准《出版物上数字用法》（GB / T 15835—2011）、《标点符号用法》（GB / T 15834—2011），计量单位采用国家技术监督局 1993 年 12 月发布的《量和单位》系列国家标准。历史上使用的计量单位，如斗、石、里、尺、磅、华氏度等，在引文时可照录。考虑到社会使用习惯，全书中亩不统一换算。

十、中华民国成立前的纪年，使用朝代年号纪年，括注公元年份；中华民国成立后的纪年，均使用公元纪年。志中所称“解放前（后）”，以该村解放日为界；“新中国成立前（后）”，以中华人民共和国成立日 1949 年 10 月 1 日为界；“改革开放前（后）”，以 1978 年 12 月中共十一届三中全会召开为界。本志“×× 年代”，凡未加世纪者，均指 20 世纪。

十一、为节省篇幅，避免重复，本志采用条目互见法。参见条目的表示形式为：参见本志“×× 类目·×× 分目·×× 条目”。

十二、对旧志、古籍中的繁体字、冷僻字一般用简化字或通用字替换，易引起误解的则保留。

十三、记述各个历史时期的党派、机构、职务、地名等，均以当时的名称为准。对频繁使用的名称，首次用全称并括注简称，其后用简称。

十四、各村志需要单独说明的事项，均在各自编后记中记述。

莲麻坑村在中国的位置

莲麻坑村
新疆维吾尔自治区
乌鲁木齐
西藏自治区
拉萨
青海省
西宁
甘肃省
兰州
内蒙古自治区
呼和浩特
宁夏回族自治区
银川
黑龙江省
哈尔滨
吉林省
长春
辽宁省
沈阳
北京
北京市
天津市
天津
河北省
石家庄
山西省
太原
山东省
济南
陕西省
西安
河南省
郑州
江苏省
南京
安徽省
合肥
上海
上海市
湖北省
武汉
浙江省
杭州
四川省
成都
重庆市
重庆
湖南省
长沙
江西省
南昌
福建省
福州
贵州省
贵阳
云南省
昆明
广西壮族自治区
南宁
广东省
广州
香港
澳门
海南省
海口
海南岛
台湾省
台北
台湾岛
钓鱼岛
赤尾屿
黄河
长江
渤海
黄海
东海
南海
东沙群岛
西沙群岛
永兴岛
中沙群岛
黄岩岛
南沙群岛
曾母暗沙
图例
北京 首都
天津 省级行政中心
未定 国界
省、自治区、直辖市界
特别行政区界
名村
1：32 000 000
审图号：GS（2019）5630 号

莲麻坑村在香港特别行政区的位置

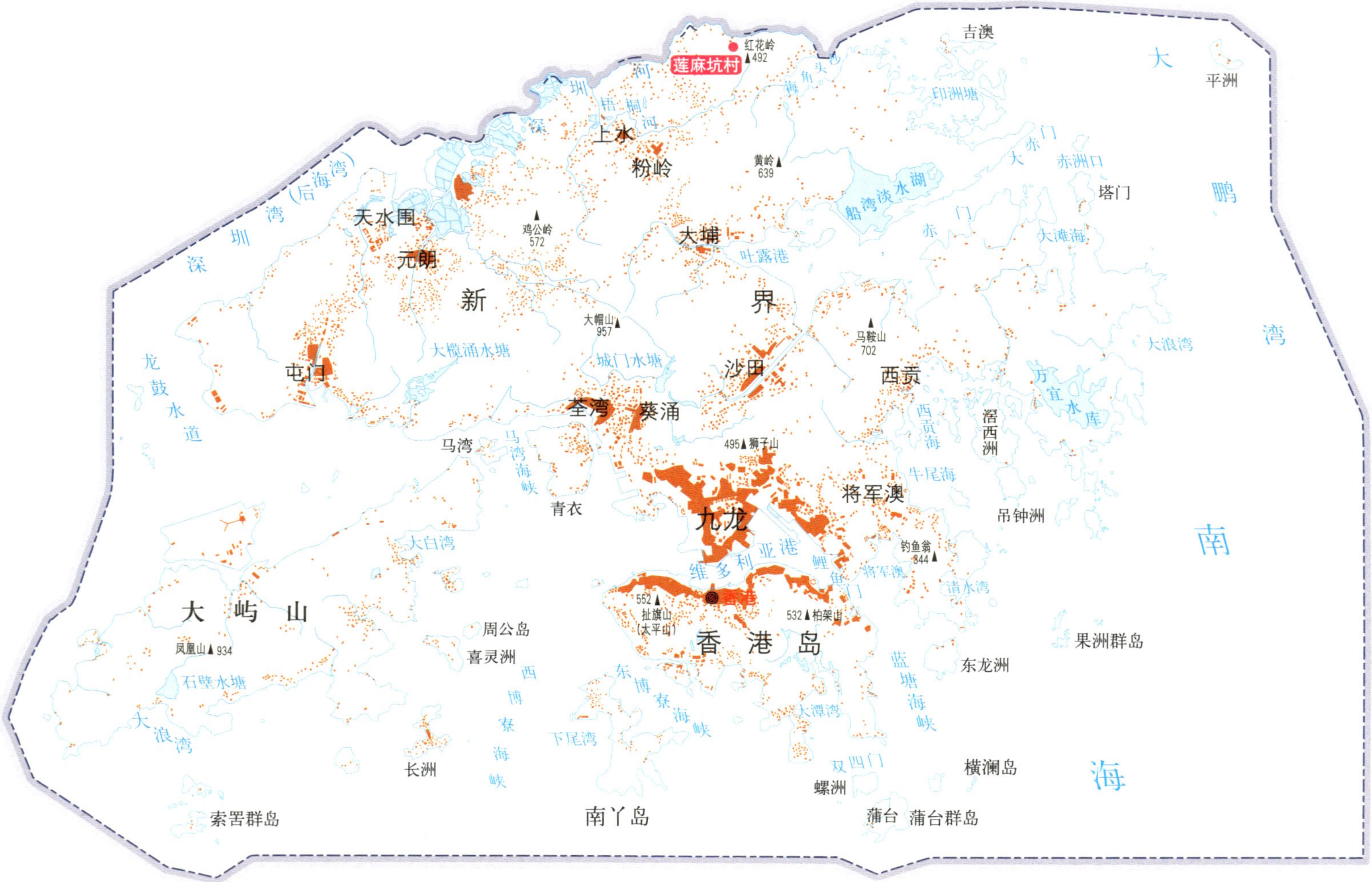

图例

香港 省级行政中心

特别行政区界

名村

1：350 000

审图号：GS（2019）5630号

莲麻坑村平面示意图

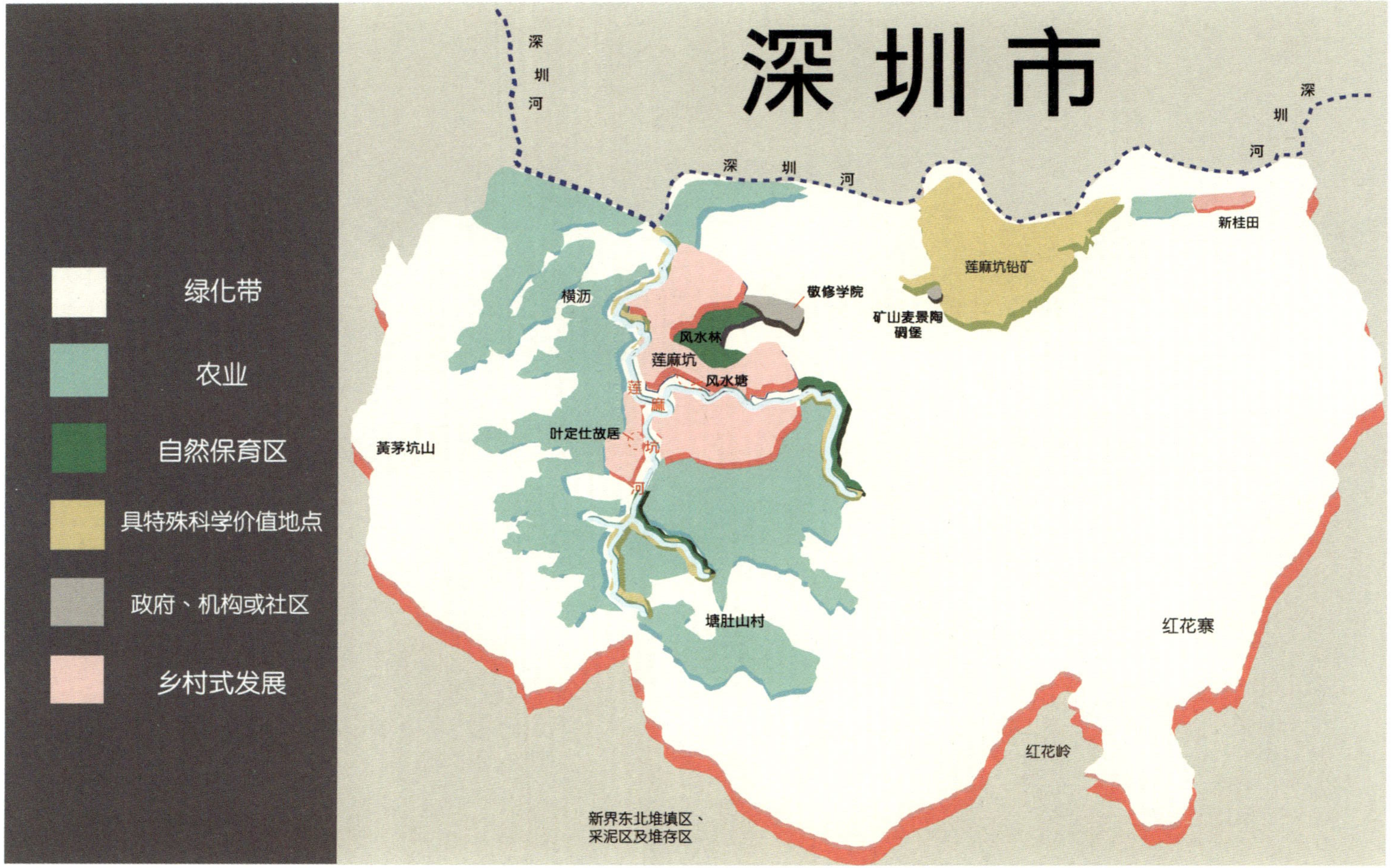

绿化带
农业
自然保育区
具特殊科学价值地点
政府、机构或社区
乡村式发展
深圳市
深圳河
深圳河
深圳河
新桂田
莲麻坑铅矿
敬修学院
矿山麦景陶碉堡
横沥
风水林
莲麻坑
风水塘
莲麻坑河
叶定仕故居
黄茅坑山
塘肚山村
红花寨
红花岭
新界东北堆填区、
采泥区及堆存区

20 世纪 60 年代的莲麻坑鸟瞰图

莲麻坑村（左）与高楼林立的深圳莲塘区（右）（2011 年）

春到莲麻坑（2018年）

20 世纪 60 年代莲麻坑“风水塘”畔

莲麻坑长命桥（2011 年）

目录

深港边境客家村

莲麻坑是香港一个客籍村庄，位于新界东北部深港边境线上，打鼓岭与沙头角之间。昔日鼎盛时期，莲麻坑地跨深圳河两岸，莲麻坑南部的塘肚山村，深圳河以北的长岭村、迳肚村，也曾为该村分支。

莲麻坑是一个历史文化内涵丰富的村庄。该村建于清康熙年间（1662—1722），当时属广州府新安县管辖，距今已有300多年历史。据康熙二十七年（1688）《新安县志》记载，“六都”（都，古代行政单位，相当于“乡”）管辖的村庄就包括莲麻坑。

莲麻坑四面环山，村民保留了客家人重视“风水”的传统习俗，制定并遵从保护山林的乡规民约。同时，由于香港政府的边境禁区政策，莲麻坑村及其毗邻地区的发展受

莲麻坑风光（2007年）

到限制。种种因素使莲麻坑较完整地保留了原始的乡村风貌，在山岭树林之中保持着生物多样性，生存着许多珍稀的动植物。

莲麻坑是一个多姓氏村庄，村中居住的主要有叶姓、冼姓、刘姓、官姓、张姓、曾姓等家族，其中叶氏是大姓。各姓村民已陆续迁出，目前村中居民大部分是叶氏族人。莲麻坑客家人多来自广东省，例如叶氏族人来自今汕尾市海丰县螺溪镇，冼氏族人来自归善（今惠阳县）淡水镇，刘氏族人来自今兴宁市，官氏族人来自今深圳市龙岗区，张氏族人来自今韶关市曲江区等。

和许多客家人一样，莲麻坑村民曾为推动中国的革命事业和反抗外来侵略做出过重要贡献。新界原居民叶定仕是辛亥革命元老，早年追随孙中山先生从事革命活动，曾担任中国同盟会暹罗（泰国）分会会长。他对同盟会暹罗分会的发展贡献巨大，并曾倾家鬻产支持革命党人的武装斗争。

香港被日军占领的三年零八个月期间，莲麻坑村历经浩劫。因怀疑村民支持抗日游击队，日本宪兵曾两次在莲麻坑实施大拘捕，对村民滥施酷刑，导致 3 人惨死，多人受伤。村民叶维里曾和其他村民策划炸毁日军控制的莲麻坑矿山，后参加广东人民抗日游击队东江纵队。叶维里三打莲麻坑矿山的事迹在村内外广泛流传。

莲麻坑在历史上长期属于传统的农业村。叶氏族人拥有的耕地分布范围很广，遍布深圳河两岸。除村内土地外，在深圳河以北的，有内地沙头角的东和墟、下迳、上迳、水迳、元墩头、少井头 、吓井头、沙栏吓、官路下。向西有远在布吉一带的布吉墟、吉下、木棉湾、李朗、大坑肚、松元头。在深圳河以南的，有英界沙头角的山嘴、下凹头、禾坑、南涌。这些耕地或自己耕作，或租赁给他人。莲麻坑村民亦曾在嘉道理农场的帮助下发展较具规模的生猪、家禽饲养业，但随着香港整体经济环境的变化，莲麻坑和新界其他村庄一样，如今村民不再依靠农业、饲养业为生。

莲麻坑矿山盛产铅、锌矿石。第二次世界大战以前，莲麻坑矿场曾是全香港唯一使用先进技术和机械开采的矿场。“中国留学生之父”容闳长子、矿业工程师容觐彤曾在莲麻坑经营开矿 8 年。他曾在莲麻坑矿场建造 6 条矿道，总长约 2100 米。

重视文化教育是客家人的优良传统。莲麻坑客家人踊跃捐款、捐地兴修村内敬修学校新校。在莲麻坑村民手中，至今保留着数种清朝和民国时期的手抄本帖式，涉及拜神、祭祖、节庆、婚嫁、丧葬、求雨、械斗、戒鸦片、禁溺婴、护林、防盗等内容。这些帖式文献形式多种多样，除了应用文，还有对联、诗歌等，是珍贵的民间文化遗产。

莲麻坑拥有众多文物古迹。香港法定古迹叶定仕故居仿照孙中山家居楼房中西合璧的模式修建而成，在辛亥革命史和香港建筑史上皆有一定的意义。叶氏宗祠、刘氏宗祠、官氏宗祠和关帝宫历史久远。叶祥霖客家大屋（34 号村屋）精美实用，体现出客家人的建筑美学。麦景陶碉堡、摩啰楼堡垒和长命桥（国际桥）是边境禁区风云和过境耕作的历史见证。红花寨遗址则充满神秘色彩，是一个待解的历史之谜。

中国的许多民间习俗在莲麻坑得以延续。叶氏族人数百年从未间断的春秋二祭，反映出村民慎终追远、饮水思源的民族精神。重视“风水”、爱护山林的观念和现代的环保观念多有相通之处。从传统贺年习俗演变而来的莲麻坑新春同乐日别开生面。

客家人吃苦耐劳，流动性强，他们敢于到陌生的地方闯荡，开辟新的天地。最迟在 19 世纪 70 年代，已有莲麻坑村民在海外打工。莲麻坑村民创业的足迹遍及巴拿马、牙买加、泰国、马来西亚、英国等国家。他们在国外胼手胝足，奋力拼搏，其中许多人取得了骄人的成就，叶定仕、叶剑桥等成为侨居国著名的侨领。

莲麻坑人杰地灵，人才辈出。这里先后涌现出同盟会暹罗分会会长叶定仕，投身抗日的马来亚共产党领导人刘一帆，东江纵队、粤赣湘边纵队香港老战士联谊会会长叶维里，沙头角乡事委员会主席叶胜，香港律师会会长叶天养，全英华人社团联合总会会长叶剑桥，香港优秀足球运动员叶鸿辉，以及其他许多活跃在商界、学界的社会精英。他们在不同的岗位上，为社会、为国家作出了贡献。

香港法定古迹叶定仕故居

基本村情

莲麻坑在清康熙二十七年（1688）已经立村，距今已有300多年的历史。莲麻坑是一个大村，历史上曾地跨深圳河两岸。1949—2016年，莲麻坑村一直在香港的边界禁区内，过境耕作一度是村内独特的景观。由于地点偏僻，四面环山，又在禁区内，加上村民的环境保护意识强，村内自然环境优美，生物多样性得到很好保护，境内有多种珍稀动植物。

建置沿革

村名由来 莲麻坑村名取自一种当地常见的植物山橙，村民俗称“莲麻”，果实与橙相似。至于“坑”一字，是广东一带常见的地名，指山坑，即一条从山上发源并流经该地的小河流或溪涧。另有一说指客家人称山谷为“坑”。早年莲麻遍布村域，故以“莲麻坑”之名立村。

莲麻

村域四至 在历史上莲麻坑是一个大村庄，曾在沙头角十约（乡村联盟组织）中自成一约。除现在的莲麻坑主村之外，还包括深圳河以北的长岭和迳肚。清光绪二十四年（1898）英国租借新界以后，长岭和迳肚留在属中国政府管辖的新安县（后改称宝安县，今属深圳市），莲麻坑主村划入英国管治下的新界。原居于塘肚山的张氏族人在20世纪初陆续迁出，长岭和迳肚则一直与莲麻坑主村保持紧密联系，属莲麻坑分村。1951年粤港边境设立禁区并实行“封河”措施后，长岭和迳肚与莲麻坑主村的联系渐少。

今莲麻坑为香港新界东北部的一个乡村，位于打鼓岭与沙头角之间。莲麻坑北临深圳河，在深港边境线上，跨过深圳河就是深圳的长岭、梧桐山。往西沿莲麻坑路走，可到打鼓岭的香园围、松园下等村。在莲麻坑南，有塘肚山和禾迳山，可经山路到达打鼓岭的禾迳山等村。从莲麻坑村向东行的莲麻坑路已被封闭，但仍可从经莲麻坑矿山的山路前往沙头角各村。

历史沿革 莲麻坑最晚立村于清康熙二十七年（1688），当时属广州府新安县管辖，距今已有300多年历史。

康熙年间（1662—1722），莲麻坑属新安县“六都”管辖[①]。同属六都的村庄还有迳口村、麻雀岭、万屋边、黄贝岭、山嘴雚、罗坊村、罗湖村等。

---

① 莲麻坑主村包括围心、沙吓（社下）、新屋、水芋田、对面、担水沥等小村，以及附近的新桂田和塘肚山。莲麻坑村内保存的《叶吉崇帖式》载有《上表救婴》文书，当时上表的乡绅自称属“大清国广东道广州府新安县第六都官富司属莲麻乡”。

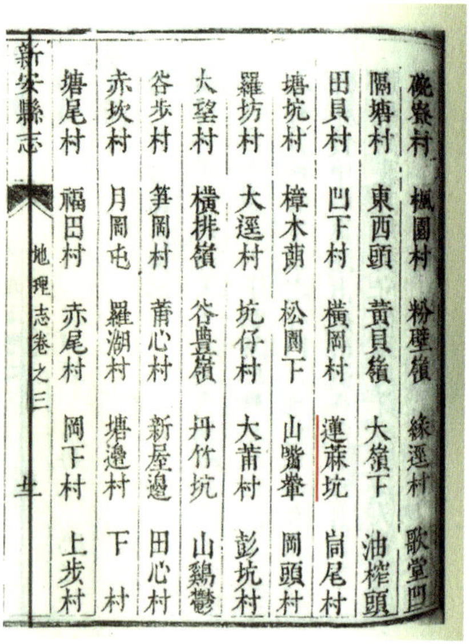
[illegible]寮村 楓園村 粉壁嶺 絲逕村 歌堂凹
隔塘村 東西頭 黃貝嶺 大嶺下 油榨頭
田貝村 凹下村 橫岡村 蓮蔴坑 崗尾村
塘坑村 樟木蓢 松園下 山嘴輋 岡頭村
羅坊村 大逕村 坑仔村 大莆村 彭坑村
大望村 橫排嶺 谷豐嶺 丹竹坑 山鷄鬱
谷步村 箕岡村 蕭心村 新屋邊 田心村
赤坎村 月岡屯 羅湖村 塘邊村 下 村
塘尾村 福田村 赤尾村 岡下村 上步村
新安縣志 地理志卷之三 廿

清康熙二十七年（1688）《新安县志》中的莲麻坑村名

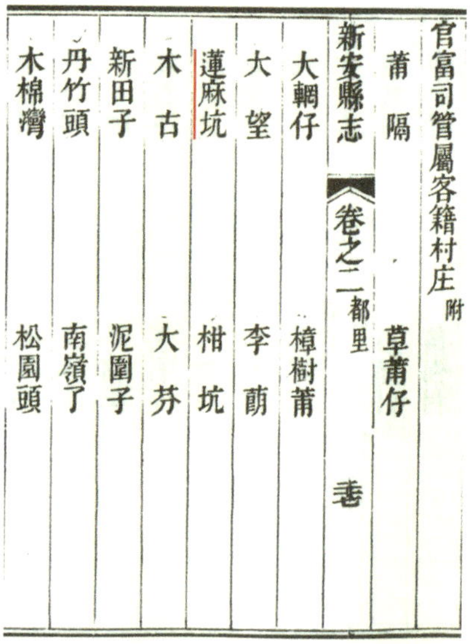
官富司管屬客籍村庄附
蒲 隔 草莆仔
新安縣志 卷之二 都里
大輞仔 樟樹莆
大 望 李 蓢
蓮麻坑 柑 坑
木 古 大 芬
新田子 泥圍子
丹竹頭 南嶺了
木棉灣 松園頭

清嘉庆二十四年（1819）《新安县志》中的莲麻坑村名

清嘉庆年间（1796—1820），莲麻坑属新安县官富巡检司管辖的客籍村庄。同属官富司管辖的客籍村庄还有香园、莲塘、平洋、万屋边、麻雀岭、盐灶下、鹿颈、荔枝窝、担水坑、山嘴、迳口等。

嘉庆末年至道光年间（1820—1830），沙头角建立了乡村联盟——“沙头角十约”（莲麻坑属第四约）：

第一约　沙鱼涌各村

第二约　盐田各村

第三约　上下保（牛栏窝、暗径、沙井头、元墩头、官路吓、山咀）

第四约　莲麻坑

第五约　担水坑、新村、木棉头、塘肚山、沙栏吓、榕树澳

第六约　上下麻雀岭、石桥头、盐灶吓、大塱、乌石角

第七约　上下禾坑、坳下、万屋边、岗吓

第八约　南涌、鹿颈、鸡谷树吓、南坑尾、七木桥、石板潭

第九约　（庆春约）荔枝窝、锁罗盆、三椏、梅子林、蛤塘、小滩、牛池湖

第十约　（南约）乌蛟腾、横山脚、阿妈笏、涌尾、涌背、金竹排、横岭头、大小滘、九担租、苗田仔、红石门、坭头石

清同治年间（1862—1874），莲麻坑与邻近的莱洞约、丹竹坑约和龙耀头约组成打鼓岭四约。

清光绪二十四年（1898），中英《展拓香港界址专条》（简称《专条》）在北京签字。《专条》约定，英国租借沙头角海至深圳湾最短距离直线以南、界限街以北广大地区，附近 235 个大小岛屿以及大鹏湾、深圳湾水域，为期 99 年。同年 10 月 9 日，香港政府辅政司骆克向英国政府提交《香港殖民地展拓界址报告书》。报告书附件五“新界各村庄名称和人口表”将莲麻坑划入深圳区（亦称深圳洞）。

1899 年 4 月 16 日，英国接管新界。清光绪三十三年（1907），香港政府于大埔设置“理民府”管治新界。清宣统二年（1910），将其分为北约理民府和南约理民府。北约理民府分为大埔（包括沙田）、上粉沙打（上水、粉岭、沙头角、打鼓岭）、西贡、元朗和青山 5 个区。莲麻坑属北约理民府的上粉沙打区。

香港沦陷期间（1941 年 12 月至 1945 年 8 月），日军将新界分为沙田区、大埔区、上水区、新田区、沙角区、元朗区和西贡区。莲麻坑属沙角区。

1945 年 8 月英国重占香港以后，行政管辖恢复旧制。1947 年，北约理民府分拆为元朗理民府和大埔理民府。莲麻坑属大埔理民府辖下的上粉沙打区。

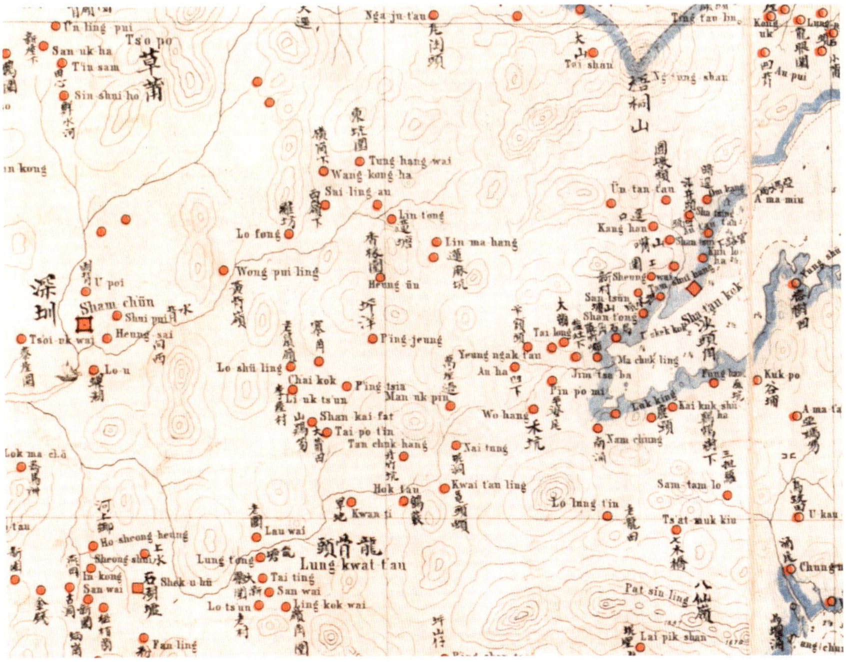

清同治五年（1866）《新安县全图》中的莲麻坑

20 世纪 50 年代初，沙头角乡事委员会成立，隶属新界乡议局。根据 1955 年呈交新界民政署的《沙头角区各村单复姓源流表编造总册》[1]，莲麻坑隶属沙头角乡事会。

1979 年 10 月 4 日，北区行政区成立，包括上水、粉岭、沙头角、打鼓岭 4 个地域。莲麻坑划入北区。

1997 年 7 月 1 日，中国政府恢复对香港行使主权。自此，莲麻坑归属香港特别行政区北区。

村级行政 从村内现存的清光绪二十年（1894）《修整围场碑序》可见，在清代，莲麻坑村内曾设有一个名为莲溪社的组织，管理村内重大事务。当时，莲溪社的总理人、副理人以叶氏族人居多，也有官、冼、张、刘、曾姓的代表。

莲麻坑是一个多姓氏村庄，昔日有关村民福祉的重大事务均会到村内的关帝宫庙前进行公议。至于村内各姓宗族事务，则到各姓祠堂由族人商讨。

鉴于关帝宫空间有限，1991 年村内遂有兴建村公所之议。以敬修家塾卖地所得，加上村民的捐款，筹得 50 多万港元，用作村公所的建筑经费。

1995 年，莲麻坑村公所落成，命名为“敬修堂”，自此村内大小事务均在村公所进行商议。

1995 年 3 月，莲麻坑村公所“敬修堂”举行落成典礼。图中左起为叶伟彰、廖正亮（新界乡议局首副主席）、布格致（Mr.Blogg，北区地政专员）、叶天养、罗王慧儿（北区政务处高级联络主任）、陆洪权（边界警区指挥官）、李克彬（沙头角乡事委员会主席）、叶吉涛、叶玉安

---

① 新界沙头角区乡事会：《沙头角区各村单复姓源流表编造总册》，1955 年。（香港历史档案馆藏：HKRS634-1-5）

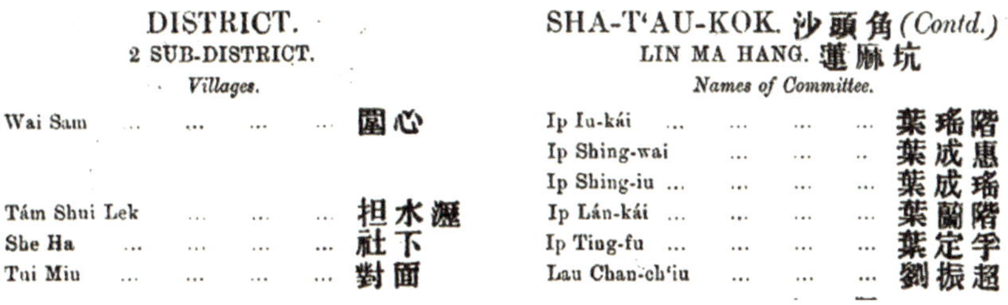

DISTRICT. SHA-T'AU-KOK. 沙頭角 (Contd.)

2 SUB-DISTRICT. LIN MA HANG. 蓮麻坑

Villages.		*Names of Committee.*	
Wai Sam	圍心	Ip Iu-kái	葉瑤階
		Ip Shing-wai	葉成惠
		Ip Shing-iu	葉成瑤
Tám Shui Lek	担水瀝	Ip Lán-kái	葉蘭階
She Ha	社下	Ip Ting-fu	葉定孚
Tui Miu	對面	Lau Chan-ch'iu	劉振超

1899 年（清光绪二十五年）7 月 8 日《香港政府宪报》中的莲麻坑地名及村长名单

第二次世界大战以前，莲麻坑选举村长的方法、历任村长姓名以及其任期已无法考据。只有 1899 年 7 月 8 日的《香港政府宪报》曾列出时任村长的名单。

第二次世界大战以后，莲麻坑村长一般每 2 年改选 1 次，由村中长老推选，一户一票，可连选连任，每次选出正村长、副村长各 1 人。

自 20 世纪 50 年代起，每次进行村长选举前，都要到打鼓岭警署备案。选举当天，大埔理民府会派员到场，警署亦会派出警察监选。投票方式为村民举手表达投票意愿。

到 20 世纪 60 年代末，由于村民陆续移居英国等地或到香港市区工作，留在莲麻坑的村民较少，对村长改选以至村中事务渐不关心。因此，莲麻坑曾有村长连任二三十年，与新界其他乡村的情况相似。

莲麻坑村公所（2014 年）

1991 年，莲麻坑重新开始村长选举工作，并改革村长选举制度，规定每 4 年改选一次，可连任一次，每次选出正副村长各 1 人。

自 1994 年 8 月起，新界乡议局颁布一套新的选举规则《村代表选举规则模板》(简称《规则模板》)，新界乡村按乡议局指引举行村代表选举。《规则模板》规定乡村村代表任期为 4 年，重选可重任，由一户一票改为一人一票。1995 年，莲麻坑开始根据乡议局的选举规则遴选村代表，获选的村代表仍被村民称为村长。

2003 年，香港特区政府正式通过《村代表选举条例》。莲麻坑跟随香港特区政府法例，选出 2 名原居民代表之外，再选 1 名居民代表。因莲麻坑并无非原居民居住，3 名村代表均为莲麻坑原居民。

禁区设置与过境耕作

禁区设置 清光绪二十四年(1898)，英国强迫清政府签订《展拓香港界址专条》租借新界，1899 年又签订《香港英新租界合同》，将深圳河划为边界线，导致深圳河两岸的边境村庄出现互有土地和房屋在对方管辖地的情况。

历史上莲麻坑的耕地范围包括深圳河以北的长岭和迳肚，那里有近 1000 亩土地，其

香港警务处在莲麻坑竖立的“边境禁区”警示牌(2014 年)

中水田约 400 亩，山坡地约 600 亩。

1899 年的《香港英新租界合同》规定在边界线“仍准两国人民往来”。从 1899 年沙头角勘界到中华人民共和国成立前，深港边界从未设立任何哨卡。深圳河两岸边境村庄的居民均可自由往来，无论是开荒种地、出海捕鱼，还是走亲访友、赶墟交易，两地间的联系从未中断过。

在中国人民解放军抵达粤港边境之前，香港政府宣布从 1949 年 6 月起在新界边界地区实行夜禁。1951 年 5 月 25 日，扩大夜禁区域。同年 6 月 15 日，颁布《1951 年边界禁区命令》，宣布在新界边界地区实施封锁，进入或逗留在禁区的人，必须持有港府发给的“派司”（通行证）。1949—2016 年，莲麻坑村一直在禁区范围之内。

为打击非法入境和其他跨境犯罪活动，广东省于 1951 年 2 月 15 日宣布实行边境管理，往来旅客须由对外开放口岸持凭公安部机关签发的出入境通行证进出境；其他沿海沿边地区一律禁止进出。深圳沙头角部分地区被列为边防禁区。

1997 年香港回归以后，应形势的变化和新界乡民的要求，边境禁区范围多次缩小。2016 年 1 月 4 日，《2015 年边境禁区（修订）令》生效，莲麻坑村不再属禁区范围（莲

莲麻坑村口附近的边境禁区铁丝网和莲麻坑路（2013 年）

香港警察在莲麻坑路巡逻（2012 年）

麻坑村长命桥附近一段约 700 米的边界巡逻路仍属禁区，市民乘车进出莲麻坑村需持有效的禁区通行证）。

过境耕作　深圳河以北的长岭和迳肚曾为莲麻坑村的分支。莲麻坑村民在深圳河以北的土地有近千亩，西至莲塘的铁岭咀，东至迳肚。长岭地段 95% 以上的土地归莲麻坑村民拥有。

莲麻坑主村的土地资源有限，村民们便在临近该村的深圳河以北的长岭开垦和购买土地。1913 年，广东财政司颁发的一份“改换断卖新契纸”，确认了清咸丰十年十二月初一（1861 年 1 月 11 日）签订的地契，说明莲麻坑村民叶昌兰从万嘉和手中买断税田。

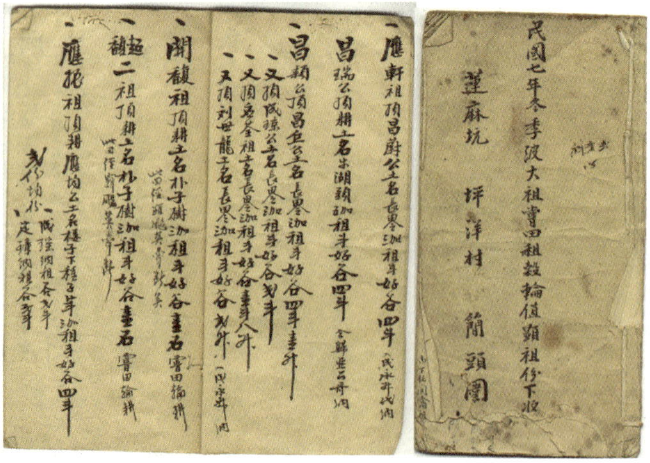
叶氏族人 1918 年的收租簿

该田坐落于深圳河北岸长岭枫树尾。

据莲麻坑村民说，1905—1910 年，叶昌颖和他的儿子——清朝武秀才叶成永在长岭建屋落户。自此之后，愈来愈多的莲麻坑村民选择到长岭落户，当中以曾在海外打工的华侨村民为多。20 世纪初，有 32 户莲麻坑村民先后到长岭购地起屋，逐渐形成长岭村。1940 年，巴拿马华侨叶定通成为最后一户在长岭建屋的莲麻坑村民。当时莲麻坑共有 33 户在长岭耕作、起屋，均为叶氏族人。

1898 年，英国政府迫使清政府签订《展拓香港界址专条》，第二年的划界谈判中将深圳河变为界河。莲麻坑从此一分为二，长岭、迳肚被划分在内地，莲麻坑主村则被划入香港，属于香港新界。由于当时界河两岸仍可自由来往，深圳河两岸边境村庄可过境耕作。

1949 年中华人民共和国成立以后，深圳河两岸设置边境禁区，但粤港两地政府仍尊重过境耕作这一历史传统。过境耕作者须领取由宝安县公安局（后改为深圳市公安局边防分局）发给的“过境耕作证”。在宝安县方面，1955 年发放耕作证 854 张，1977 年领取耕作证的有 358 人，1980 年发放耕作证 1670 张。在香港新界方面，1954 年领取过境耕作证 278 张，1961 年有 186 张。过境人员可从沙头角、迳口、长岭、罗方、瓦窑、文锦渡、罗湖、赤尾等开放口和闸口过境耕作，长岭和莲麻坑村民通过长岭附近跨越深圳河的石桥“长命桥”（现称“国际桥”）过境耕作。①

宝安县过境耕作者有由香港方面大埔或元朗理民府发的田地执照，每年向理民府缴纳税款，收获农产品基本上运回宝安。香港新界居民在宝安收获的产品则运回香港，每年向宝安缴交公粮，没有余粮任务。

宝安县政府在政策上对过境耕作农民给予优待，对过耕土地交公余粮任务，允许不交实物，改为交代金。生产队在宝安的土地如能完成公余粮任务和安排口粮，在香港土地收获产品可不运回，改在当地出售。从迳口、罗方、赤尾耕作口进出的社员允许携带少量副食品和日用品入境。罗方生产队经省委领导批准，可将港币收入中的 30% 分配给社员零用。过境耕作为宝安县增加了外汇收入，据县人民银行统计，过耕生产队在香港出售产品减除成本后，汇回外汇 1974 年、1975 年均为 50 万港元，1976 年为 71.3 万港元（不包括新沙大队石下生产队过境养蚝收入）。

① 叶维里：《深港“过境耕作土地”概况》。

1978 年，村民叶玉如在红花岭大鼻牛拍摄的照片。图中左下为莲麻坑，中间部分可见长岭村及长岭通往深圳的道路

深圳长岭附近的农田多属莲麻坑村民。在长岭进行土地改革时，只分了属于莲麻坑各祖堂的田地，属于莲麻坑村民个人的田地未被分走。

另一方面，长岭居民在香港也有不少田地。20 世纪 40—50 年代，两地居民都有过境耕作的经历。

链接：叶伟彰博士关于过境耕作的口述

据 1949 年出生的叶伟彰博士口述，他幼时曾随村民过境耕作。20 世纪 50 年代，长命桥（国际桥）所在地曾有一座由三块麻石组成的桥梁。桥梁上有一道闸门，每天早上 8 时开门。闸门十分窄小，村民每天早上 7 时会在门前排队，等待闸门开启并过桥，把耕牛、农具带到田中。香港一边由警察检查身份证（黄色纸制成的旧式身份证），内地则由解放军检查“耕作证”，小孩子不需要这个步骤。

早期，闸门会在所有人过境之后锁上，直至晚上 6 时再开一次。如果赶不及在关门前离开，就要在那边留到晚上 6 时了。因此，过境耕作的农户都会留一个人在家里做饭，中午时从边境的铁丝网上把食物传过去。铁丝网里面的家人吃完后，再把餐具传回来。家中有婴儿的话，过境耕作的母亲更要透过铁丝网的小洞哺乳，每天可能要重复两三次。后来村民觉得在铁丝网上传东西很麻

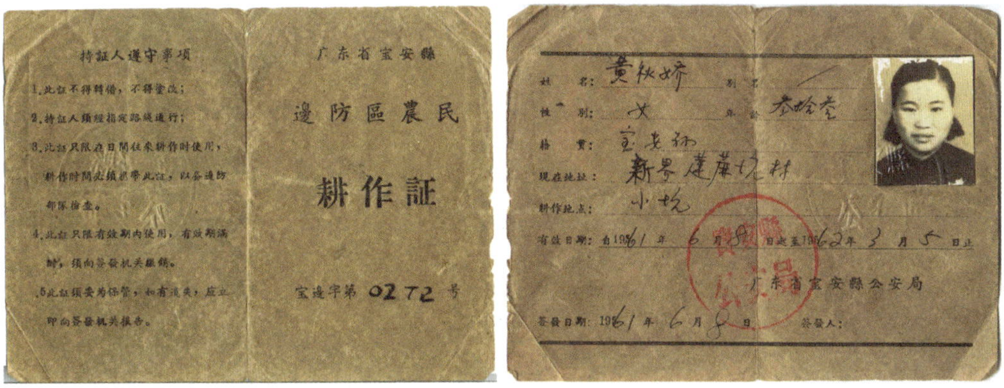
持証人遵守事項
1.此証不得轉借，不得塗改；
2.持証人須經指定路綫進行；
3.此証只限在日間往來耕作时使用，耕作時間必須携帶此証，以备邊防部隊檢查。
4.此証只限有效期內使用，有效期滿時，須向簽發机关繳銷。
5.此証須妥為保管，如有遗失，应立即向簽發机关報告。

广东省宝安縣
邊防區農民
耕作証
宝邊字第 0272 号

姓名：黄秋娇
性别：女　年龄：叁拾叁
籍贯：宝安县
現在地址：新界莲麻坑村
耕作地点：小坑
有效日期：自1961年6月8日起至1962年3月5日止
广东省宝安縣公安局
簽發日期：1961年6月8日　簽發人：

20 世纪 60 年代莲麻坑村民使用的过境耕作证

烦，就在地下挖洞，把东西传过去，甚至连婴儿也传过去。到 20 世纪 60 年代，闸门就变成由早上 8 时到晚上 6 时都开。

据统计，1954 年深圳河以北的宝安县（今属深圳市）15 个自然村，在香港新界拥有土地 4006 亩 9 分 9 厘。香港新界 12 个自然村 154 户人，在宝安拥有土地 489 亩 3 分 9 厘，主要集中在长岭及深圳沙头角一带。1977 年宝安县在香港新界土地种植水稻 448 亩、蔬菜 245 亩、鱼塘养鱼 320 亩。[1] 从 20 世纪 60 年代开始，跨越深圳河的过境耕作逐渐式微。

长岭村（2011 年）　　长岭股份合作公司董事长叶远良　提供

① 宝安县革委会外事办公室：《宝安县过境耕作问题调查报告》，1977 年 6 月 17 日。

长岭村村景（2013年）

由于工业化、城镇化的影响，香港农业逐渐衰落，新界许多农民到海外谋生。新界在宝安的过耕土地大量减少。1977年，莲麻坑、香园、松园下3个村居民放弃在内地的200多亩土地，改由宝安的莲塘大队耕种、缴交公粮。港界沙头角9个自然村在内地的土地，给宝安的圆墩头、恩上、官路下、叶屋、沙头角等生产队和镇内生产队耕种的有115亩，给内地社员作自留地的6亩，荒芜的有12.5亩。香港新界居民过境去宝安耕种土地，沙头角有2户5亩，莲麻坑村有1户1亩。

内地方面，大多数生产队把理民府所发的土地执照焚毁，不再保存。迳口、长岭、莲塘3个村由于劳动力不足停止过境耕种。黄贝岭大队黄贝岭村停止过境耕作，任由土地丢荒。沙头角大队的沙栏下、官路下、园墩头、恩上等村庄，在香港的土地为数不少，也先后停止过境耕作。[①]

① 宝安县革委会外事办公室：《宝安县过境耕作问题调查报告》，1977年6月17日。

自然环境

地质地貌 莲麻坑村位于香港新界东北部，处于打鼓岭与沙头角之间，北临深圳河，在深港边境线上。

莲麻坑村位处一个山间谷地，四周有群山环绕。北有梧桐山，西有黄茅坑山，南有塘肚山和禾径山，西南有红花岭，东北有鹿湖山（莲麻坑矿山）。

莲麻坑河，亦称莲麻坑溪涧，发源于塘肚山，主河道长约 2 千米、宽 1.5 ~ 4 米，从村中穿流而过，从横沥长命桥之处流入深圳河。[①]

深圳河上游风光。河右属今莲麻坑范围，河左属今日深圳长岭村（2013 年）

① 汉臻顾问有限公司：《禁区莲麻坑村之叶定仕故居——生态影响评估》，2010 年 8 月。

莲麻坑河（2018年）

气候水文 莲麻坑村属亚热带气候，一年内约有半年时间气候温和。11 月、12 月的天气最好，风和日丽，气温适中。1 月、2 月则云量较多，间有冷锋过境，带来干燥的北风。3 月、4 月极为潮湿，雾和毛毛雨使能见度降低。5—8 月的天气炎热潮湿，间有骤雨和雷暴，在上午尤为常见，下午气温常超过 31℃，晚上则保持在 26℃左右。7 月通常会有晴朗天气，一般为 1 ~ 2 周。

7 月和 9 月莲麻坑村最有可能受台风影响。每年 5—11 月，莲麻坑村都有可能受不同强度的热带气旋吹袭。当热带气旋集结在香港东南 700 ~ 1000 千米时，天气通常晴朗酷热，黄昏或有局部地区性雷暴。若热带气旋中心移近香港，风力会增强，广泛地区或有大雨。热带气旋带来的大雨可能持续数日，引致山泥倾泻和水浸，造成的灾害有时比烈风的破坏更强。

香港天文台的打鼓岭监测站记录包括莲麻坑在内多个地点的天气数据。

1986—2016 年打鼓岭气象要素月平均值表

表 1

月份	气温（℃）			相对湿度（%）	总降水量（毫米）	盛行风向（度）	风速（千米 / 小时）
	日最高	平均	日最低				
1	19.4	14.8	11.1	72	29.9	110	8.5
2	20.4	16.2	13.0	76	33.3	110	9.3
3	22.7	18.8	15.8	78	54.4	110	9.9
4	26.3	22.6	19.8	81	135.1	110	9.4
5	29.6	25.7	22.9	82	244.3	110	8.5
6	31.4	27.7	24.8	83	364.8	110	7.2
7	32.5	28.3	25.1	82	308.8	110	6.9
8	32.3	28.1	25.0	83	319.0	110	6.3
9	31.3	27.1	24.0	80	223.5	100	7.3
10	29.1	24.6	21.1	73	76.7	100	8.2
11	25.4	20.6	16.7	72	37.8	110	8.2
12	21.4	16.3	12.1	70	31.2	360	7.9
全年	26.8	22.6	19.3	77	1858.8	110	8.1

说明：资料来源于香港天文台的统计资料

植物

莲麻坑村民保持客家人重视“风水”的传统习俗，制定并遵从保护山林的乡规民约。由于香港政府的边境禁区政策，莲麻坑村及其毗邻地区的发展受到极大限制。这使莲麻坑的原始乡村风貌得以较完整地保留，自然环境较少受到城市发展的影响。环绕着莲麻坑村的林木非常茂盛，附近的山岭树林蕴含高度的植物多样性。

植被群落 莲麻坑的植被形成三个鲜明的群落：“风水林”（大部分为原生树）、次生林和草地及灌木林。

“风水林” 莲麻坑村的“风水林”一直受到村民精心保护，许多原生林木因此得以

从鹿湖山鸟瞰莲麻坑。图中小山为“风水林”（2013 年）

保留。根据香港嘉道理农场2004年4月所做的《边境禁区及新界东北生物多样性调查》，莲麻坑风水林的树木高10～20米，胸高直径[①]（DBH）达80厘米。较常见的物种主要为樟树、木荷、朴树、土沉香和银柴（大沙叶）。

次生林　莲麻坑部分树林过去曾被砍伐，木材被用作燃料，以满足村民的生活需要。现时，莲麻坑附近山坡上的次生树林，于过去的40～50年内重生。次生林的树种包括松树、木荷、樟树、鹅掌柴（又名鸭脚木）、土沉香和罗伞树等。树木高6～15米，胸高直径达30厘米。

草地及灌木林　旧时，莲麻坑村前的低洼地区都是阡陌禾田。随着农业式微，荒废的农地渐渐演化成一片片的草地或灌木丛。草地上间有小树，都是可以从附近山坡找到的树种。现时，这片土地的主要物种为丝茅、刚莠竹、毛蕨和野牡丹。

植物物种　莲麻坑植物种类繁多，根据香港嘉道理农场于2003年7月进行的研究，莲麻坑有217个植物物种，其中4种受《林区及郊区条例》中的《林务规例》保护，包括苏铁蕨、刺桫椤、黑桫椤和小黑桫椤。

山橙（莲麻）　被莲麻坑村民称作“莲麻”的木质藤本植物。早年山橙遍布莲麻坑附近的山岭树林，但如今要到红花岭才可以找到成片的山橙树。莲麻坑的命名，与当地盛产山橙（莲麻）有关。山橙每年秋季结果，因果实成熟时呈橙红色，形状与橙相似，故名山橙。山橙的果实有一定的药用价值，但对人体有毒。由于山橙是猴子喜爱的水果，故又名“马骝[②]藤”“猴子果”。

樟树　常绿大乔木，全株有樟脑气味。因木质芳香，抗虫害、耐水湿，可作建材、造船、家具、雕刻之用。莲麻坑村敬修学校校门前、叶定仕故居路旁等处，有数棵百年古樟树。敬修学校校门前的古樟树胸围达5.48米，枝繁叶茂，高大挺拔。

山松　又名马尾松，是香港常见的原生树种。松树的枝干可用作燃料，旧时具有很高的经济价值。由于野生松树不断被砍伐，香港政府于20世纪初已实施规管，发出造林许可证并划定界线，准许乡民在指定土地上栽种及砍伐松树，这种牌照因此又被称为“松山牌”。莲麻坑村民亦有申请松山牌，习惯称获批土地为“松山”。现时，莲麻坑村仍有“松山牌”，但已无村民以经营松山为业。

---

① 胸高直径，树木距离地面约1.3米处的直径。

② 广东方言，“马骝”即“猴子”。

土沉香　又名牙香树、女儿香、莞香树，常绿中乔木。土沉香为国家二级保护植物，也受国际公约保护。土沉香在香港的一些地方是颇为常见的树种，关于香港的得名中就有一种说法与此树有关。新界各乡村的风水林大多种植土沉香，莲麻坑的风水林也不例外。土沉香常见于莲麻坑的风水林和次生林，但面临盗伐的严重威胁。

土沉香被虫蛀蚀或人为凿采后，树干上的伤口会分泌和凝结树脂，这种树脂被称为“沉香”，是一种名贵的药材。旧时每逢农历十二月二十八大扫除，莲麻坑村民都

土沉香

鸡矢藤

白背叶

会摘取土沉香的枝叶，系上竹竿用来打扫家居，还燃点沉香脂，以其香气除却秽气，纳福祭祖。

鸡矢藤　俗称“鸡屎藤”，藤本植物，在莲麻坑的灌丛或荒地颇为常见。鸡矢藤的叶片是莲麻坑村民制作鸡屎藤茶果的主要材料。每逢农历三月清明节前夕，鸡矢藤会长出新叶、散发芳香。村民在这时摘取新叶，制作茶果，风味最佳，故又名“清明仔”。

白背叶　俗称“粗叶”或“粗叶挞”。白背叶与鸡矢藤一样，可用以制作茶果，是白背叶茶果的主要材料。

吊钟　常绿乔木。幼枝疏布柔毛，叶互生，革质，倒卵形至椭圆形，长 5 ~ 11 厘米，宽 2 ~ 4 厘米，全缘。花黄绿色，芳香，排成顶生或腋生的伞形花序；花萼 5 裂，两面均有短柔毛；花瓣 10，鳞片状；雄蕊 10；子房 2 室，短柔毛。蒴果木质，倒卵形，长 2.5 ~ 3 厘米，直径约 2 厘米。香港山边所种吊钟花受《林务规例》保护，不准采摘、贩卖及私人藏有。

苏铁蕨　国家二级保护植物，大型蕨类植物。根状茎粗短，直立，高可达 1 米，顶端密布棕褐色、具光泽的钻形鳞片。叶簇生；叶柄长 15 ~ 30 厘米，基部密布鳞片，向上近光滑；不育叶片长约 60 厘米、宽 20 厘米，一回羽状；羽片多数，互生或近对生，线状披针形，最长约 12 厘米、宽约 1 厘米，顶端长渐尖，基部心形，边缘有细密锯齿；叶脉 1 ~ 2 次分叉，近中脉形成网眼；能育叶与不育叶相似，但较小，长约 8 厘米、宽约 0.4 厘米，下部满布孢子囊。

刺桫椤　国家一级珍稀保护植物，树形蕨类植物，已载入《中国植物红皮书》和《广东省珍稀濒危植物图谱》。茎直立，高可达 6 米。叶螺旋状排列，聚生于茎端；叶柄棕色，具锐刺；叶片大，长矩圆形，三回羽状深裂；羽片 17 ～ 20 对，互生，最长达 60 厘米，基部一对缩短，羽轴有短刺；小羽片 18 ～ 20 对，无柄或近于无柄，披针形，长 10 厘米、宽 2.5 厘米，深裂几达中脉；末回裂片多镰状，有齿。孢子囊群靠近中脉着生；囊群盖球形，膜质。

黑桫椤　国家二级保护植物，树形蕨类植物，高 1 ～ 3 米。叶簇生；叶柄栗褐色至暗紫红色，基部有褐棕色、线状披针形鳞片；叶片长 2 ～ 3 米，二回羽状深裂；羽片多数，互生，有柄，长圆状披针形，长 60 厘米；小羽片约 20 对，互生，线状披针形，顶端尾状渐尖，基部截形，有短柄，边缘有疏钝锯齿或波状圆齿。叶脉羽状，小脉 3 ～ 4 对成 1 组。孢子囊群圆形，沿中脉两侧各排成 2 ～ 3 行，无囊群盖。

小黑桫椤　国家二级保护植物，中型蕨类植物，株高 150 ～ 200 厘米，根状茎短直立，密布鳞片。叶簇生；叶柄红棕色或紫黑色；叶片披针形，二至三回羽状深裂；羽片互生，有短柄，长圆形，最大的长达 40 ～ 50 厘米；小羽片互生，近无柄，长圆形，深裂近达中脉；裂片椭圆形，稍偏斜，顶端圆钝，边缘具锯齿，基部 1 ～ 2 个裂片常分离；叶脉羽状，单一或少有二叉。孢子囊群圆形，着生于小脉中部，沿中脉两侧各排成 1 行；无囊群盖。

小黑桫椤是香港罕见的珍稀植物，目前仅在西贡、马鞍山和莲麻坑 3 个地方有发现。2003 年在莲麻坑发现 1 株，约 5 年后植物学家周锦超博士在其附近约 20 米处发现较小的另 1 株。

动物

莲麻坑四周的山岭树林人迹罕至，原始生态得到相当程度的保留，能够为多种哺乳动物、淡水鱼类、雀鸟和昆虫等生物提供良好的栖所。莲麻坑的生物多样性十分丰富，更曾一度传有老虎的踪迹。[①] 现时，莲麻坑仍不时有野猪、赤麂、穿山甲等动物出没。

2003 年，香港嘉道理农场在莲麻坑进行的生物多样性调查中，记录了箭猪、野猪、

---

① 1946 年重阳节的晚上，村民叶树香饲养的一百多斤的猪被一头猛兽拖至山上。次日发现整头猪被吃掉一半，村民深信是老虎所为。

果子狸、豹猫、赤麂、穿山甲等多个哺乳动物品种。2003—2004 年，渔农自然护理署利用自动摄影技术，记录了食蟹獴、黄腹鼬等 10 个哺乳动物品种。至于两栖类、爬行类和鸟类等，在莲麻坑亦有颇为丰富的记录。2007 年，在香港渠务署的研究调查中，记录了 52 个蝴蝶和 25 个蜻蜓品种。

野猪　野猪体格强健，细小的野猪体长约 90 厘米，较庞大的体长可达 200 厘米，毛色主要为灰黑色，腿部、吻部上方、面颊和咽喉长有灰白毛。头部特大，耳尖长。雄猪的长牙发达，从口外突，向外弯曲。野猪在香港广泛分布，在莲麻坑亦很常见。野猪是杂食性动物，经常偷吃村民的禾稻、地瓜等作物，破坏庄稼。旧时村民会狩猎野猪，保护农田之余，亦可作食用或出售图利。

赤麂　赤麂为麂属中体形较大的一种，体长 90 ～ 108 厘米。背部毛色为栗褐至黄褐色，中线附近颜色较深，腹部米白色，面部狭长。雄麂长有一对粗角，雌麂无角但有一束鬃毛和小骨节。梗节直而粗长，两节结合处有芒刺。雌雄两性均有外露于上颚的突出长犬齿。四肢幼长，颜色较深。赤麂在香港郊区广泛分布，在莲麻坑亦有发现其踪迹。由于赤麂会对农作物带来破坏，而且肉质细嫩、味美，曾经成为捕猎的对象。

食蟹獴　食蟹獴是体形较大的獴类，体长 36 ～ 60 厘米，皮毛为麻褐或灰褐色，肩部有长白条纹。头尖，尾长而蓬茸，末端尖小。食蟹獴属日行动物，在香港并不常见，20 世纪 60 年代曾被认为已在香港绝迹。食蟹獴近年在新界东北再次被发现，曾在莲麻坑出没。

斯氏波鱼　斯氏波鱼属初级淡水鱼，扁平躯体呈纺锤形，头尖，口端位微微向上斜裂，没有触须，栖息于山溪和低谷溪涧下游。斯氏波鱼在香港的分布地点很少，被定为“稀有”品种。莲麻坑河是其中一条斯氏波鱼栖息的溪流。

赤麂

斯氏波鱼

中国斗鱼　中国斗鱼又称叉尾斗鱼、盖斑斗鱼、天堂鱼，莲麻坑村民称之为“彭皮婆”。中国斗鱼形态特征与香港斗鱼相似，但体形较小，颜色亦较艳丽，两侧有褐红和闪蓝色直条纹，鳃盖骨缘有明显的蓝绿圆点。雄鱼颜色较鲜艳，各鳍远长于雌鱼，繁殖季节和与其他雄鱼争斗时，腹部变为蓝黑色。中国斗鱼可见于北区、西贡、大埔及大屿山一些溪流、沼泽，在莲麻坑河十分常见。

中国斗鱼

具特殊科学价值地点

自 1975 年开始，渔农自然护理署在全港各地进行鉴定工作，并将被认定在动植物、地理或地质上具有特色的地方，列为“具特殊科学价值地点”（Site of Special Scientific Interest，SSSI）。莲麻坑矿场和莲麻坑河分别为蝙蝠和淡水鱼类良好的栖息地，具有高度生态价值，因此被列为“具特殊科学价值地点”。

莲麻坑矿场　蝙蝠是一种特别容易因人类干扰而受影响的动物。莲麻坑矿场自 1962 年起停止运营，加上位于边境禁区，为蝙蝠提供了一个不易受骚扰的栖息地点。1994 年 8 月 13 日，莲麻坑矿场被列为香港第 54 个具特殊科学价值地点。

在莲麻坑矿场洞居的蝙蝠数量不多，每年夏天约有 100 只棕果蝠居住在山洞深处，冬天时也只有数只小菊头蝠和中华菊头蝠在此度冬。棕果蝠是香港体形最大的蝙蝠。由于前往下洞的一段莲麻坑路被封闭，下洞极少受到人类骚扰，成为南长翼蝠和长翼蝠的理想度冬栖所，数量多达 2000 只。中华鼠耳蝠、大足鼠耳蝠和中华菊头蝠等多种蝙蝠偶然也会在内栖息。渔农自然护理署专家陈思敏、石仲堂曾连续数年对莲麻坑矿场的蝙蝠进行观察，他们发现栖息在香港各处山洞的 11 种蝙蝠中，在莲麻坑矿场可找到其中 8 种。

莲麻坑矿洞内的棕果蝠

莲麻坑河　据村民叶玉安口述，在依靠农业维生的年代，莲麻坑河是莲麻坑村灌溉用水的重要来源，村民经常疏通河道，防止河道淤塞。当时莲麻坑河的水位较深，水量亦较为充沛。农业式微以后，莲麻坑河未有得到疏理，沙泥不断在河床沉积，令河流的水位变浅，水流减慢，水质亦逐渐变得混浊。

根据 2010 年 8 月汉臻顾问有限公司所做《禁区莲麻坑村之一叶定仕故居——生态影响评估》，莲麻坑河是淡水鱼类的生态热点，栖息着 16 种淡水鱼，其中 14 种是原生初级淡水鱼，占全港原生初级淡水鱼近 40%。莲麻坑河被认为是香港重要的盆谷河溪之一，为稀有的斯氏波鱼、线细鳊和大刺鳅提供合适的生境。2007 年 7 月 6 日，莲麻坑河被列为香港第 68 个“具特殊科学价值地点”。

◉ 人口与宗族

人口 1898 年 6 月 9 日，英国政府迫使清政府签订《展拓香港界址专条》，将新界租借给英国。同年，香港政府辅政司骆克（Stewart Lockhart）到新界进行实地调查，其后向英国政府提交《香港殖民地展拓界址报告书》(简称《报告书》)。《报告书》附件五《新界各个村庄名称和人口表》是新界乡村最早的人口统计资料。

1898 年新界各个村庄名称和人口表

表 2　　单位：人

村庄名称	人口	族群	村庄名称	人口	族群
深圳	2000	本地	老虎屈	60	客家
水背	1200	本地	寨角	80	本地
向西	1200	本地	老鼠岭	100	本地
蔡屋围	800	本地	平輋	160	本地
螺湖	500	本地	马屋边	100	客家
黄背岭	2500	本地	山鸡笏	60	本地
罗坊	250	客家	大蒲田	100	本地
西岭下	100	本地	丹竹坑	100	本地
横岗下	150	本地	落马洲	160	本地
东坑围	120	本地	灶头	250	本地
莲塘	160	客家	新田	3000	本地
莲麻坑	450	客家	李屋村	200	本地
香缘围	120	本地	村庄总数 26	14080	
平洋	160	客家			

骆克在表中列出深圳河两岸 26 个村庄的人口数据和族群情况。根据他的统计，1898 年时莲麻坑人口为 450 人，是同表的客籍村庄中人口最多的一个村庄。

据香港政府于 1911 年 10 月 27 日的《香港殖民地 1911 年人口统计报告》，莲麻坑是当时沙头角区人口较多的村庄之一。在沙头角区 48 个村庄中，莲麻坑的人口为 516 人，排位第三。莲麻坑全村 516 人当中有 319 名女性，197 名男性。村民中女性明显比男性多，反映出这些村庄有较多的男性人口远赴重洋，出国谋生。

THE HONGKONG GOVERNMENT GAZETTE, 8TH APRIL, 1899. 557

Appendix No. 5.

LIST CONTAINING THE NAME AND POPULATION OF EACH VILLAGE IN THE NEW TERRITORY.
(Compiled by Mr. Ts'oi Yeuk-shan.)
P. = Punti or Cantonese.
H. = Hakka.
T. = Tauka.

SHAM CHUN DIVISION.

Name of Village.	Population.	People.	Name of Village.	Population.	People.
Sham chun.........	2,000	P.	Lau foo wat	60	H.
Shiu piu............	1,200	P.	Chai kok	80	P.
Heung sai	1,200	P.	Lo Shü ling	100	P.
Tsai uk wai	800	P.	Ping tsia	160	P.
Lo-ú	500	P.	Man uk pin	100	H.
Woug piu ling ...	2,500	P.	Shan kai fat......	60	P.
Lo fung	250	H.	Tai po tin	100	P.
Sai ling au	100	P.	Tan chuk hang...	100	P.
Wang kung ha ...	150	P.	Lok ma chu	160	P.
Tung hang wai ...	120	P.	Tso tau	250	P.
Lin tang	160	H.	San tin	3,000	P.
Lin ma hang	450	H.	Li uk tsun	200	P.
Heung un wai ...	120	P.			
Ping jeung.........	160	H.	Total villages, 26	14,080	

1898 年，辅政司骆克提交的《香港殖民地展拓界址报告书》英文原表

1911 年沙头角区人口统计表

表 3　　　　单位：人

村庄	男	女	合计
鹿颈	182	302	484
乌石角	32	36	68
盐灶下	18	29	47
石桥头	37	61	98
麻雀岭	47	78	125
下麻雀岭	24	26	50
岩下	6	10	16
大塱	20	26	46
凹下	33	33	66
下禾坑	66	94	160
上禾坑	175	268	443
万屋边	113	116	229
莱洞	107	84	191
南涌	152	196	348
乌蛟腾	165	258	423
三担箩	1	5	6

续表 3

村庄	男	女	合计
莲麻坑	197	319	516
塘肚	15	9	24
新桂田	9	7	16
棉迳仔	1	0	1
下横山脚	16	27	43
下七木桥	27	49	76
上横山脚	13	19	32
九担租	13	29	42
石水涧	50	55	105
上苗田	9	11	20
石水涧	9	14	23
下苗田	48	47	95
亚妈笏	12	16	28
犁头石	20	20	40
鸡谷树下	47	61	108
南坑尾	10	16	26
蛤塘	35	28	63
凤坑	61	87	148
分水凹	1	1	2
谷埔老围	140	107	247
谷埔新围	56	70	126
谷埔二肚	24	23	47
谷埔三肚	19	24	43
谷埔四肚	13	9	22
谷埔南山	23	19	42
大寮涌	14	14	28
谷埔輋下	4	4	8
梅子林	36	34	70
榕树凹	186	149	335
红石门	49	38	87
张禾	9	8	17
户洲塘	28	20	48
往湾	3	3	6
大洲渡	22	24	46
锁罗盆	115	113	228
三椏	130	106	236
小滩	13	12	25
磨刀坑	2	4	6

续表 3

村庄	男	女	合计
荔枝窝	188	187	375
牛屎湖	14	18	32
高滩	8	13	21
凹排塘	49	44	93
吉澳	386	322	708
塘肚	47	57	104
山嘴	122	115	237
焦坑	6	9	15
担水坑	230	305	535
山嘴	162	205	367
岗下	63	72	135
沙头角市	14		14
沙头角盐寮	29	18	47
其他	0	12	12
合计	3975	4595	8570

说明：资料来源于香港政府人口统计处《香港殖民地 1911 年人口统计报告》(*Report of the Census of the Colony for 1911*)

1898—2015 年部分年份莲麻坑人口统计表

表 4　　单位：人、户

年份	人数	户数	男	女
1898	450	—	—	—
1911	516	—	197	319
1921	不足 500	—	—	—
1958	499	107	—	—
20 世纪 60 年代	约 1800	约 300	—	—
约 1970	564	—	—	—
2001	144	65	75	69
2015	87	40	47	40

宗族

莲麻坑是一个多姓氏客籍村庄，村民曾主要有叶、冼、刘、官、张、曾等姓氏，叶氏家族是村内大姓。目前在莲麻坑村居住的村民多数姓叶，仅有一户姓刘，冼、官、张等姓村民和绝大多数刘姓村民已迁居海外和内地或香港其他地方。

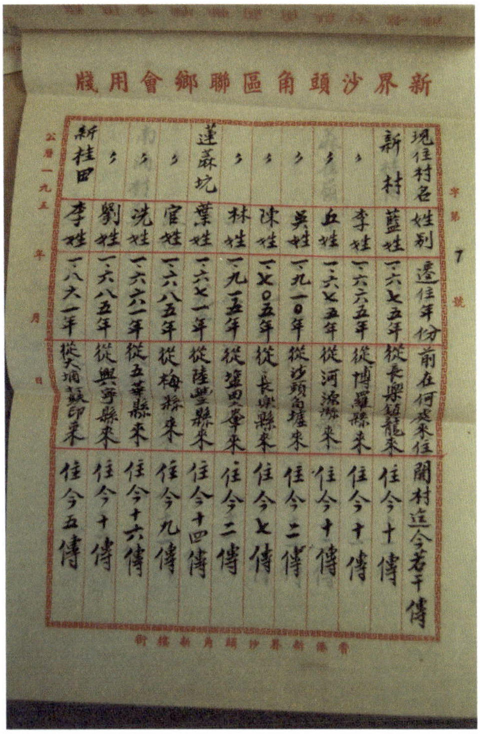
新界沙頭角區聯鄉會用箋

現住村名	姓別	遷住年份	前在何處來住	開村迄今若干傳
新村	藍姓	一六七五年	從長樂[illegible]來	住今十傳
〃	李姓	一六六五年	從博羅縣來	住今十傳
〃	丘姓	一六七五年	從河源縣來	住今十傳
〃	吳姓	一九一〇年	從沙頭角墟來	住今二傳
〃	陳姓	一七〇五年	從長樂縣來	住今七傳
〃	林姓	一九一五年	從[illegible]來	住今二傳
蓮蔴坑	葉姓	一六七一年	從陸豐縣來	住今十四傳
〃	官姓	一六八五年	從梅縣來	住今九傳
〃	冼姓	一六六一年	從五華縣來	住今十六傳
〃	劉姓	一六八五年	從興寧縣來	住今十傳
新桂田	李姓	一八六一年	從大埔[illegible]來	住今五傳

1955 年沙头角区联乡会编制的《沙头角区各村单复姓源流表编造总册》

叶氏家族 叶氏始祖沈诸梁，春秋末期楚国政治家、军事家。楚平王之孙白公胜叛楚，劫走楚惠王。沈诸梁起兵打败白公胜，迎楚惠王复位。周考王嵬三年（前 438），楚惠王封沈诸梁于叶县（今河南省平顶山市）为食邑。沈诸梁指封邑为姓氏，遂有叶氏。后人奉沈诸梁为叶氏一世祖。

叶氏八十五世祖叶大经，汴梁人，南宋宝庆二年（1226）进士，咸淳年间（1265—1274）升任八闽制置使。德祐二年（1276），元兵大举南下，叶大经愤恨成疾，以病免官并迁梅州，成为广东叶氏始祖。叶大经后裔中，知名人士有明朝兵部尚书叶梦熊，中国人民解放军创始人之一、军事家叶挺，中华人民共和国开国元勋叶剑英等。

叶大经的 4 个儿子明道、明理、明伦、明德，是入粤二世祖。莲麻坑叶氏为叶明伦后裔。明伦生怀本，怀本生盛孚，盛孚生应龙，应龙生清，清生显祖，显祖生世蕴，世蕴生梅实。叶梅实为入粤九世祖，字汝荣，原在长乐县（今广东省梅州市五华县）同二兄叶梅明共建基业，后因长兄叶梅友在陆丰县（今广东省汕尾市陆河县）立业，叶梅实因而迁今汕尾市海丰县螺溪镇再创田宅。

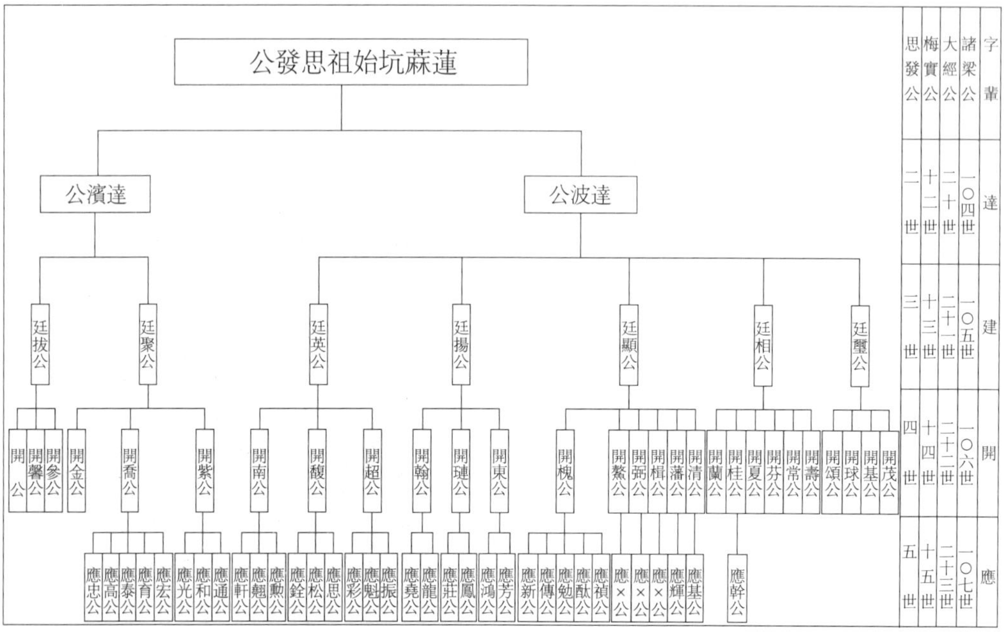

莲麻坑《叶氏族谱》世系表，列有由始祖叶思发至第五世“应”字辈族人的名字

叶梅实后裔、叶氏入粤十九世祖叶思发，号眉山，清顺治年间（1644—1661）生于广东揭西县五云。叶思发为人善良敦厚、诗书孝友，但“怀抱利器，不遇于世”，到东莞县清溪教书，居于东莞县松园厦。叶思发娶妻邱氏，生二子叶达波、叶达滨。清康熙四十九年（1710），叶达波到广州府新安县莲麻坑开基立业，叶达滨随后到达。兄弟二人尊称父亲叶思发为莲麻坑叶氏始祖。

叶达波有五子，为廷玺、廷相、廷显、廷扬、廷英；叶达滨有二子，为廷聚、廷拔。经过几代人的辛勤耕耘，莲麻坑叶氏成为村内望族。

叶达滨之子叶廷拔在莲塘耕作时，曾与周姓族人发生争执，后他带领儿子叶开参、叶开馨离开莲麻坑，将沙下的龙眼树和房产留给其兄叶廷聚。叶挺拔父子到洞梓村开基立业，后来经常回莲麻坑拜太公。洞梓村叶氏族人中流传着这样的说法：“拜亚公回洞梓，拜太公回莲麻坑。”

据村中长辈说，一百多年前，莲麻坑与打鼓岭六约经常发生械斗[①]，洞梓叶氏族人

① 械斗，客家人称为“打家伙”，曾是莲麻坑历史上痛苦的记忆。村西黄茅山（炮台山）山顶原来是尖的，因械斗安放石炮被村民削平。

1935 年莲麻坑村的一个叶氏家庭

1953 年，叶氏达波祖五房子孙秋祭时合影

常被莲麻坑叶氏请去解围。

民国时期，叶氏家族在深圳河两岸，东至沙头角，西至布吉的范围之内，拥有大量田地，为深圳河一带的农业开发作出过较大贡献。

从 19 世纪后期开始，莲麻坑叶氏族人纷纷走出国门，到海外开拓事业，美洲、泰国、马来西亚、英国、荷兰等地区、国家都有他们奋斗的足迹。

莲麻坑叶氏家族人才辈出。他们中间有同盟会泰国分会会长叶定仕、东江纵队老战士联谊会会长叶维里、沙头角乡事委员会主席叶胜、香港律师会会长叶天养、英国全英华人社团联合总会会长叶剑桥等。

2013 年 6 月 9 日，叶氏族人在叶氏宗祠内议事

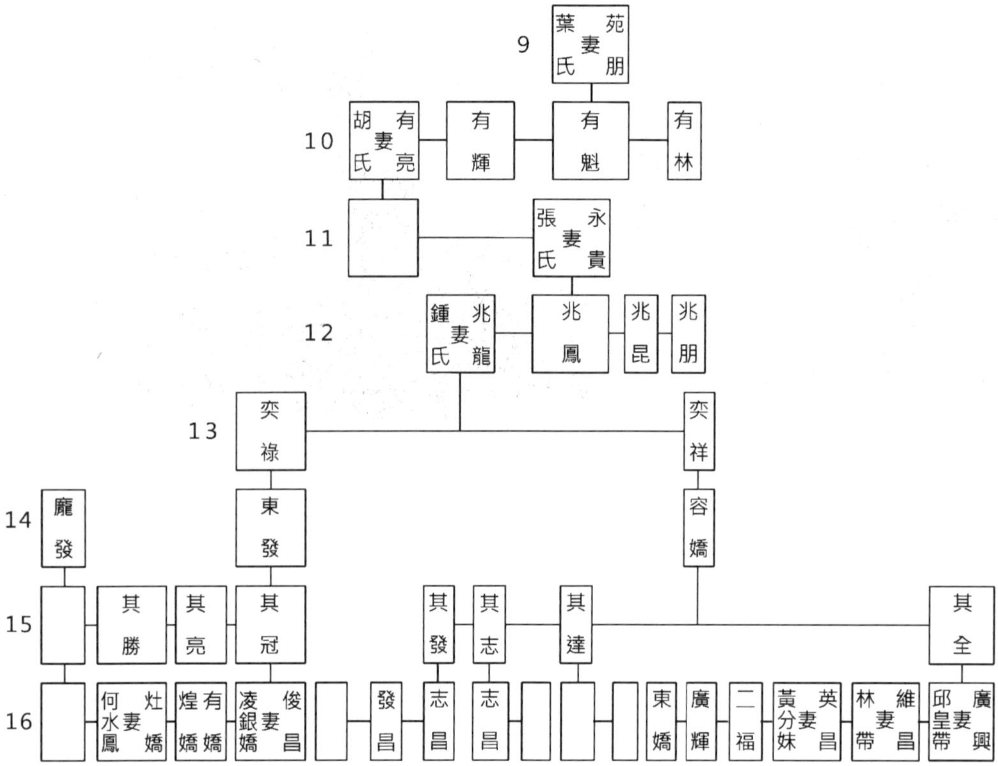

莲麻坑《冼氏族谱》世系表（部分）

冼氏家族 据《冼氏族谱》记载，冼氏家族始祖冼裕来于明洪武元年（1368）迁至广东省惠州府归善县淡水冲背村。冼氏家族七世祖冼苑朋居住在广东省惠州府归善县碧甲司淡水乌坭塘围，去世后与其父均葬在归善淡水乌坭塘泗水。

冼苑朋与原配妻叶氏育有冼有亮、冼有辉、冼有魁、冼有林四子。兄弟四人是冼氏家族在莲麻坑的开基祖。冼苑朋长子冼有亮生于清康熙十年（1671），卒于乾隆三十一年（1766），去世后安葬在亚婆田。

冼有亮兄弟 4 人移居莲麻坑后，起回父亲冼苑朋遗骨，迁葬至莲麻坑山猪窝，墓葬坐西朝东。

清康熙二十七年（1688）的《新安县志》中，新安县“六都”管辖的村庄已包括莲麻坑，但莲麻坑叶氏开基祖叶达波康熙四十九年（1710）才迁至莲麻坑。据村内父老口述，叶达波曾是冼氏家族的“长更”（管家），负责看管牛栏。冼有亮兄弟 4 人迁入莲麻

2014 年 6 月 1 日，村志编写组成员在元朗访问莲麻坑冼氏族人

坑的时间应该在康熙四十九年之前[①]。另据冼氏后人所言，冼氏家族早年家境富裕，族人外出骑白马，并雇有长工和专业的“风水师”。

大约 19 世纪，部分冼氏家族族人迁至深圳河对岸的梧桐山坑背村定居，其余族人继续留在莲麻坑村。冼氏家族迁离莲麻坑，一说是因为莲麻坑土地不足，另一说是因为莲麻坑当时发生瘟疫。清光绪二十年（1894），莲麻坑整修围场时，副理人中有 2 名冼氏家族成员。

由于莲麻坑发展滞后，村民生活困苦，余下的冼氏族人陆续出国谋生，又或搬迁到香港市区居住。20 世纪 80 年代，最后一户冼氏族人离开莲麻坑迁往英国。时至今日，莲麻坑冼氏仍有部分族人居于梧桐山坑背村，其余则分散到港九新界，以及英国、马来西亚等地。

冼氏族人迁至梧桐山坑背村后，与莲麻坑仍保持一定的联系。据说在 1938 年 11 月深圳被日军进攻期间，坑背村的冼氏族人曾返回莲麻坑避居十余天。另外，冼氏族仍会

① 1955 年新界沙头角区联乡会编制的《沙头角区各村单复姓源流表编造总册》称，莲麻坑冼姓顺治十八年（1661）从广东省五华县迁至此地。这种说法是根据当时调查得来，并无可靠的文献依据，与冼氏族人世代相传的清道光年间《冼氏族谱》的记载不符，并不可信。

返回莲麻坑祭祖，祭祖活动在日占时期一度中断，1945 年香港重光后恢复。1949 年后边境禁区的设置，使祭祖活动被迫中断。20 世纪 80 年代，冼氏族人排除困难返回莲麻坑祭祖扫墓。

1998 年左右，坑背村与居于香港其他地区的冼氏族人恢复与莲麻坑的联系，现居元朗的族人冼天发还热心参与村内的公共事务。自 2009 年起，冼氏族人恢复每年举行春祭，均会到莲麻坑山猪窝等地祭拜祖先，秋祭则继续在梧桐山进行。

刘氏家族 据民国时期重修的《刘氏族谱》记载，莲麻坑村刘氏入粤始祖为刘开七。刘开七担任过广东潮州府总镇，去世后葬于广东兴宁。刘开七后裔经刘广传、刘宗文、刘十郎、刘洪雨传至刘玉麟，刘玉麟移居广东宝安县禾径山，卜葬于竹山凹（禾径山和竹山凹皆位于香港新界）。刘玉麟第三子刘鼎亮移居莲麻坑，后到迳肚立业。迳肚位于深圳河北岸梧桐山脚，当时属莲麻坑分支。

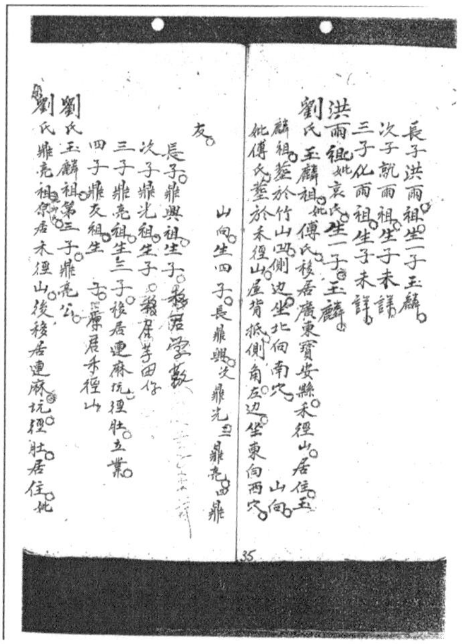

民国时期重修的《刘氏族谱》

1899 年 7 月 8 日的《香港政府宪报》公布新界各村村代表名单，其中莲麻坑对面的村代表是刘振超，属刘玉麟后人中的“振”字辈。这说明当时莲麻坑刘氏部分居于迳肚，部分居于深圳河以南的莲麻坑主村范围。

据莲麻坑刘氏后人称，刘鼎亮和刘清元原为两兄弟，后因两兄弟分家，各在莲麻坑村内建一间祠堂。民国时期重修的《刘氏族谱》中，没有刘清元的名字，刘鼎亮的弟弟也不叫刘清元。清嘉庆十五年（1810）的《新安客籍例案录》中，附录《客籍各乡名册》2 位资助者就是“三杯石刘鼎亮”和“莲麻径刘清元”，说明刘清元确有其人，并有联系。

1949 年以后，居住在深圳河以北的迳肚刘氏族人陆续迁往香港或移居海外，迳肚村已被废弃。仍居住在莲麻坑主村的刘氏族人，目前只有刘兴后人一家。

在莲麻坑刘氏族人中，有清代武魁刘腾骧和曾在马来亚坚持抗日活动的马共领导人刘一帆等。

刘氏宗祠内悬挂着刘腾骧考取武魁的牌匾

官氏家族 由于《官氏族谱》已遗失，莲麻坑官氏家族的始迁祖及其入迁莲麻坑的年份已无从稽考。另据官氏族人口耳相传，官氏家族可能是由深圳龙岗迁至莲麻坑。

清末民国初，大部分官氏族人从莲麻坑迁至粉岭军地，当地村民称牛寮一地。因莲麻坑耕地不足，官氏家族陆续迁移，仅留下少量族人居于莲麻坑，住在与官氏宗祠相通的民居，方便打理宗祠。

东门门楼侧嵌有一块立于清光绪二十年（1894）的《修整围场碑序》，当时整修围场的其中一位副理为官氏家族成员官火保。官氏在莲麻坑虽属少数，但族人官谭以德服众，曾两度被推选为莲麻坑村村长。

20 世纪 50 年代，莲麻坑仅剩下 2 户官氏人家，居于官氏宗祠两侧的民居。官氏家族与叶氏家族及其他村内宗族关系融洽。至 20 世纪 60 年代，年轻的官氏族人陆续前往英国谋生，其他年老族人迁至交通较为方便的上水居住。现时，已无官氏族人在莲麻坑定居，但村内仍有官氏宗祠以及官氏族人拥有的房屋、田地。

官氏宗祠位于“风水塘”旁，是一栋两进一院的传统中式建筑。现时官氏家族仍会

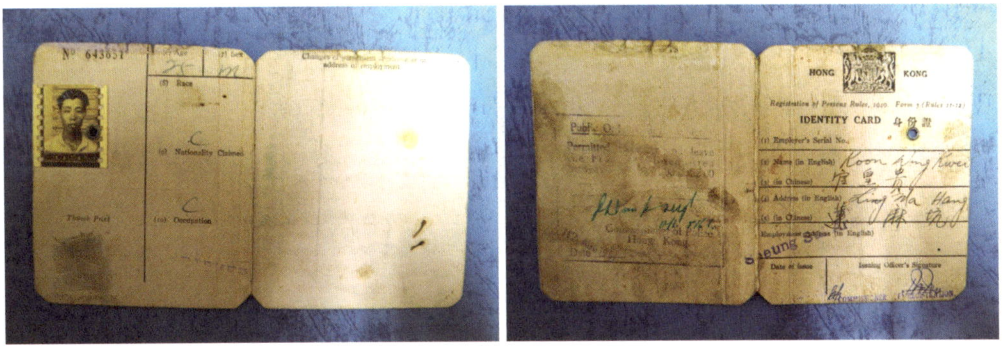

莲麻坑官氏族人保存至今的一份 1951 年的香港身份证

定期返回莲麻坑，进行诸如祭祖、点灯等宗族活动。莲麻坑掩罗埔为官氏族人拥有的农地，有一处为泉井湖，安放着官氏宗族先人的金塔。据说早年迁至军地的官氏族人，在战前曾返回莲麻坑祭祖，但莲麻坑被划入禁区后，就没有再返回莲麻坑扫墓。

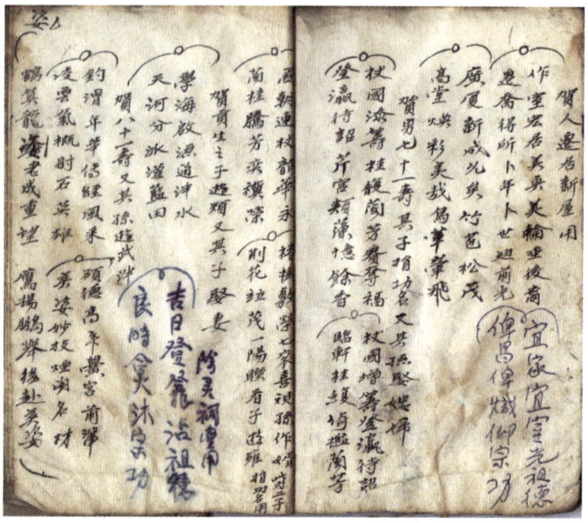

莲麻坑《张氏帖式》

张氏家族 《张氏族谱》现已散佚，据张氏族人口耳相传，莲麻坑张氏家族的始迁祖为张学一，迁至莲麻坑已有约300年历史。《张氏帖式》所载的《张姓祠堂大门对》写有“曲江风度，燕国家声”。估计张氏家族从曲江迁至莲麻坑。

张氏家族世代居于莲麻坑附近的塘肚山，与莲麻坑村关系密切，旧时张氏宗祠亦建于莲麻坑村内。尚可考证的张氏家族坟墓建于清道光十四年（1834），墓主为张云现，立碑的是他的两个孙子张成达、张成发。张氏族人在莲麻坑附近的塘肚山有一座大型的祖坟，据墓碑上的铭文记载，该坟建于1924年，1927年“进金”①，坟茔内摆放着张氏家族第12代至17代族人的金塔。

据1905年的丈量约份第48约的集体官批显示，张氏家族在莲麻坑拥有大量土地。张氏家族约于20世纪初迁出莲麻坑，到宝安县西乡一地购地建屋，重置田业房产。张氏家族的司理张炳森自1917年开始，将大量土地卖给叶氏家族，并举族迁至西乡。张

张氏族人在村外朝原居地塘肚山方向遥拜祖先（2014年）

① 进金，即将金塔摆进坟茔的仪式。

2014 年 1 月 26 日，现居元朗的莲麻坑原居民张明有等张氏族人在村长叶华清（左二）等陪同下返回莲麻坑祭祖

氏家族在西乡建有一排八间大屋，并购下不少田地，雇工为他们打理。1927 年，张炳森将莲麻坑村内的张氏宗祠卖出。张氏宗祠的原建筑于 20 世纪 60 年代拆除。

张氏第 21 代族人张明有在内地出生，张炳森为其叔公。凭借民政署的土地登记资料，张氏家族与莲麻坑恢复联系，张氏家族祖坟于 2014 年得以重修。

◉ 村民生活

环境 客家人注重人居环境的保护和合理利用。他们居住的村庄一般都种有树林、建造水塘，并称为“风水林”和“风水塘”。在开村时，莲麻坑村落建筑坐北向南，因北面的梧桐山相距太远，因而在村前挖塘建造“风水塘”，将泥土堆放在村后，种植“风水林”。

“风水林”用来挡风，可保护环境、改善气候。夏季可抵挡台风，减低台风所带来的破坏；冬季可阻隔干燥的北风。天气晴朗的日子，树木亦可以阻挡猛烈的阳光，降低温度。此外，“风水林”亦具备防火效能，村内种植常绿植物，不易着火，形成天然的防火墙。

建立村落时，先民除保留原有的植被（树及灌木）外，还于林缘种植不同的经济植物如果树、樟树、榕树、竹等。

“风水塘”坐落于村落的前方，塘为半月形，由人工挖掘而成。挖出的泥土可用来种植树林，还会用来填高房屋的地基或围壆。村民亦利用天然的环境，建渠把附近溪流的水引到池塘去。

夏天时，南风会将水塘的湿润空气吹入村落，降低干燥程度。如村中发生火灾，可在水塘取水救火。水塘亦可放养鱼类，为村民增加收入。

房屋 初到莲麻坑时，村民在田间盖搭茅屋居住。定居后，逐步建成土木结构的单间房舍，以石卵为屋基，以夯土为墙。随着经济进一步改善，村民以青砖建屋墙，屋顶盖以两层青瓦，称为“阴阳”瓦顶。

莲麻坑村民居（1960 年）

莲麻坑村保留了初期的夯土房，亦有数间客家大屋，其中以叶祥霖客家大屋最为典型。大屋为一进三间，硬山顶，转角位置均有角柱石条，加有压面石，以承担屋顶及砖墙的重量。大门及屋内的门框全部以花岗石条砌筑。大屋造型简洁，坚实美观。

大屋屋檐下的封檐板刻有“太狮·少狮”彩色图案，以勉励子孙事业有成，功成名就。封檐板下的壁画绘有 5 只展翅飞翔的大雁，上写“五子登科”，亦有同样寓意。

莲麻坑“风水塘”（2013 年）

大屋的结构如其他客家大屋一样，窗户少，瓦面有透明玻璃以便采光。莲麻坑因地处偏远，旧时治安欠佳，房屋所有窗户都加有粗铁枝，就连大门的横推趟门，亦以 2.5 厘米粗的铁棍焊接而成。屋顶的木桁条间隔比一般大屋为密，以防贼人撬开瓦面由屋顶进入屋内。

食物 客家人勤劳俭朴，对食物的要求不高，通常是就地取材，制成各种传统食品和饮品。

鸡屎果。莲麻坑村民喜爱的一种小食，主要原料为鸡矢藤。鸡矢藤为茜草科鸡矢藤属植物，以根或全草入药，生长于气候温热、潮湿的灌木丛中，生命力很强。因为叶子用手揉烂后，初闻有一股鸡屎味，村民称为鸡屎藤，其实久闻会有一股清香。它具有祛风除湿、消食化积、解毒消肿、活血止痛等功用。

茶粿。分为咸、甜两种，主要材料是一种名为清明叶的树叶。将这些树叶以水煮熟，切碎后加入糯米粉、糖、花生或盐，搓成饼状，蒸熟后即可食用。每逢年节，莲麻坑村民都会制作这些传统食品用以奉神、款客或自用。

咸茶。客家人有清明制咸茶的习俗。旧时莲麻坑村民会上山采集白背叶等草叶，放在牙钵，然后用木杵搅拌捣碎，再加上炒香的花生及适量的精盐，用水冲泡，可供人饮用。村民以咸茶招待客人，口感甚佳。另一种清明咸茶有药用功效。

客家炆猪肉。旧时村民都会养猪，用以出售，以维生计。在一些特定的日子才会以烹制猪肉享用，例如春秋二祭或一些喜庆活动时，村民会准备传统的客家炆猪肉。

正在烹调中的客家炆猪肉

客家炆猪肉的制法较简单，以猪肉为主，加入木耳、蒜蓉、豆豉、姜和果皮等配料。烹调时将猪肉加入配料连同南乳（红腐乳），以大量柴枝和木块为燃料，焖煮至香软嫩滑，再以酱油和酒调味，最后由长辈尝味调校即成。分盆时先放入木耳，然后放上味浓香溢的炆猪肉。根据习俗，第一盆炆猪肉会用来敬奉神明和祖先。

服饰 莲麻坑村民服饰变化与客家服饰同步。客家传统服饰源于汉族传统的衣饰文化，客家人称衣服为“衫裤”。“衫”指上衣，“裤”指下衣。大襟衫是客家人男女老少最常穿的上衣。除了大襟衫之外，客家人也穿对襟衫。与上衣相关联的，就是围裙。客

莲麻坑客家妇女戴的凉帽

家人的围裙裙身上及胸口，下至膝盖，常用一块花色耐脏的单布做成，多为客家女子劳作时穿着。帽子也是衣服的一部分。

客家人最有特色的帽子，要数女人夏天戴的凉帽。客家妇女要和男人一样下田种地，那时的妇女不能随便抛头露面，戴上有帽帘的凉帽外出可避免违俗。此帽经过不断改良，慢慢发展成现时客家女性专用的凉帽。

现时仅少量村内老人仍保留穿传统服饰的习惯，多数村民日常生活已改穿现代服饰。

◉ 交通

交通工具

莲麻坑早年的对外交通，主要与附近的墟市有关。

乡村车　20 世纪 60 年代初，村民叶胜自购货车，并将货车改装成“乡村车”，接载乡民定时往来莲麻坑和石湖墟。“乡村车”后来改由廖寿经营，村民称为“廖寿车”。“乡村车”每程收费 7 毫，因村民乘车时总是“一根担挑两箩谷”，占据不少空间，故一个大箩又收费 5 毫。在当时的环境而言“乡村车”绝不便宜，村民普遍只会在投墟卖谷或购买大量物品回村时，才会选择乘搭“乡村车”。

那时的“乡村车”与一般的货车分别不大，只是将载货部分简单改装，加设两条横木供人们乘坐。由于“乡村车”每程都载满乡民和货物，因此经常险象环生。当时的

胡咏智老师驾驶的村内第一辆私家汽车引来学童围观（1961 年）

连接上水火车站和莲麻坑的 59K 小巴是村内唯一的对外公共交通工具（2014 年）

"乡村车"一天只有 3 ~ 4 班车，约 2 小时才会有一班车。"乡村车"以上水石湖墟新丰路为起点，经过沿途的乡村抵达终点并折返，终点站最初设在香园村，后来改在摩啰楼，最后改在长命桥。

20 世纪 70 年代，一种名为"红头十"的"乡村车"开始营运，取代了设备简陋的货车。虽然"红头十"也是由货车改装而成，但在设计上已改进许多。除车内同样有两排横凳外，车顶加装扶手，车身也加上两扇门和两排窗户，成为新一代的"乡村车"。

专线小巴　1985 年 11 月 15 日，香港政府运输署公开招标 11 组共 24 条专线小巴新路线。1986 年，专线小巴 19 号线开始营运，由上水彩园邨驶至莲麻坑。在打鼓岭一带的村庄中，莲麻坑成为第一个有专线小巴的村庄，这与当时的村长叶胜的积极争取有关。

1988 年 1 月 29 日，该专线小巴编号改为 59K，并将起点迁往上水总站，运行至今。59K 每天由早上 6 时 15 分运行至晚上 10 时，每半小时一班，途经新屋岭、竹园、香园围等村，以莲麻坑为终点站。

从 20 世纪 50 年代初开始，莲麻坑一直在禁区范围之内，搭乘 59K 小巴前往村中，必须携带"禁区通行证"（俗称"禁区纸"）。搭乘出租车前往村中，乘客和出租车司机都需要持有"禁区通行证"。2016 年 1 月 4 日，《2015 年边境禁区（修订）令》开始生效，莲麻坑村不再属于禁区范围。但是，莲麻坑村长命桥附近一段约 700 米的边界巡逻路仍属禁区，市民乘车进出莲麻坑村需持有效的禁区通行证。

道路　20 世纪 30 年代前后，因应开发莲麻坑矿场的需要，香港政府建了一条连接打鼓岭及莲麻坑的小路，路宽约 1.8 米，命名为"巡逻路"，并于 1940 年进行维修。

从莲麻坑前往沙头角的一段边境路（2012年）

从边境路看深圳河上游（2012年）

莲麻坑路西部起点（2014年）

莲麻坑村内的道路（2013年）

莲麻坑至沙头角的一段道路于 1929 年招标，分两段兴建：西段由莲麻坑至中英界石第 11 号；东段则由中英界石第 11 号至沙头角，均为宽约 1.8 米的巡逻路。工程于 1931 年基本完成。

后来，由打鼓岭经莲麻坑至沙头角的边境路被命名为莲麻坑路。莲麻坑至沙头角一段莲麻坑路设有闸门，因其处于敏感地带，战后从未开放予公众行车，但允许莲麻坑村民在这段路踏单车或步行前往沙头角。自 2009 年起，该段道路被完全封闭，禁止包括莲麻坑村民在内的所有香港市民使用。

20 世纪 60 年代，莲麻坑的对外交通得到进一步改善，香港政府兴建通往莲麻坑的村路，将连接打鼓岭和沙头角公路的小路扩宽成坪輋路。此后，莲麻坑村民可经坪輋转入沙头角公路，抵达粉岭联和墟，不再局限于经过文锦渡驶入上水石湖墟。

家国相连

莲麻坑是深港边境的一个山村，它为推动中国革命事业和反抗外来侵略作出了贡献。同盟会暹罗分会会长叶定仕就出自这个山村，他是新界原居民中对辛亥革命贡献最大的元老。香港沦陷期间，日军在村内进行两次大拘捕，多名村民遭受酷刑，三人被折磨致死。日军暴行激起村民强烈反抗，叶维里发起三打莲麻坑矿山的事迹流传至今。

莲麻坑与辛亥革命

叶定仕与辛亥革命 莲麻坑村民叶定仕（1879—1943）早年追随孙中山先生从事革命活动，曾担任中国同盟会暹罗（泰国）分会会长。他对同盟会暹罗分会的发展贡献巨大，并曾倾家鬻产支持革命党人的武装斗争，是新界原居民中对辛亥革命贡献最大的元老。

叶定仕出生在莲麻坑村一个贫苦的客籍农民家中，16 岁时被“卖猪仔”到暹罗曼谷当裁缝学徒。出师后，他因手艺高超，受到暹罗王室女士们好评，并受到暹罗王室一位公主倾慕，在 1905 年与他结婚，他因而结识了暹罗许多达官显贵，尤其与王子巴差提勃（后为暹罗王拉玛七世）友情至深。1905—1910 年，叶定仕承包了暹罗陆军军服生产，令他逐渐成为拥有一定财富和较高社会地位的侨领之一。

1905 年，孙中山在日本东京成立革命团体中国同盟会，提出“驱除鞑虏、恢复中华、创立民国、平均地权”的革命纲领。消息传到暹罗华侨社会，叶定仕和一批爱国华侨毅然决定追随孙中山，从事推翻清朝封建专制统治的革命。据陈寄虚所撰的《暹罗华侨同盟会略历》，爱国华侨萧佛成、陈景华、余次彭、叶定仕等 18 人于 1907 年在孙中山先生亲自主盟下，成为中国同盟会暹罗分会第一批会员。孙中山离开暹罗后，由林海山代理主盟。不久，林海山离开暹罗，叶定仕被推选为会长，接理同盟会事务。同时，爱国华侨成立了可以公开活动的中华会所，叶定仕为创办人之一。中华会所推举非同盟会员许金泉为总理，同盟会负责人按不同方言群分工主持各属工作，叶定仕主持客属工作。革命同志也设立了合法组织“振兴书报社”，作为联络华侨、宣传革命的又一重要阵地。该社先后由郑玉山和叶定仕担任社长。叶定仕首先在开设私塾从事启蒙教学的馆主之中进行宣传活动。当时受叶定仕的影响而投身革命事业的客籍人士人数众多，其中见诸史籍者有后来曾任孙中山侍卫的张鉴初、北伐炸弹队排长谢凯衡等。

1909 年，同盟会暹罗分会响应孙中山号召，在暹京曼谷组织光复云南机关，叶定仕负责财务工作。1910 年，叶伯棠率领同盟会同志，携带军服、枪械、旗帜等由曼谷出发，途中被暹罗警方查获，叶柏棠等 18 人被捕。叶定仕闻讯后，利用其与暹罗军政界的特殊关系，将他们营救出狱。事后，暹罗政府警告叶定仕立即停止反清活动，叶定仕据理力争，因而被撤销军服生产承包权。1911 年广州“三二九”起义失败之后，叶定仕先后在振兴书报社派出 300 余人回国参加光复工作。

叶定仕在筹款支持革命党人武装起义方面贡献良多。由于他和同盟会暹罗分会其他会员的共同努力，在孙中山领导的南方十次武装起义中，暹罗、越南捐款位居各地捐款数额之首。1910 年图攻云南之役，自筹备至失败之日，共用去 3 万余泰铢，同志捐款及同盟会存款 2 万余泰铢，其余由叶定仕一人承担。1911 年广州起义失败之后，同盟会派王狮灵到暹罗指导、磋商光复广西。筹款时，叶定仕率先捐助 1000 泰铢。

武昌起义胜利之后，广西军政分府为表彰叶定仕对革命的贡献，授予其二等勋章及证书。

1914 年孙中山创立中华革命党，发布宣言及讨袁檄文，发动讨袁斗争。叶定仕积极响应孙中山号召，加入中华革命党，与林海山、钟子均等人在广州参加组织北江民团，编集讨袁军，与邓铿联络，配合反袁运动。1915 年反袁运动失败，叶定仕被粤督龙济光通缉，并与孙中山、胡汉民失去联系，返回香港莲麻坑村故居。

叶定仕坚决支持孙中山提出的“振兴中华”口号。1935 年，他撰写一份征得泰国、马来西亚等地华侨社团赞同的《振兴中华实业计划》，并于 1937 年初前往南京呈交国民政府。国民党中央党部安排林森、孙科接见叶定仕后，不置可否，发给叶定仕一笔养老金，打发其回乡。

1936 年，辛亥革命元老叶定仕（右二）在泰国与长子叶绿山一家合影

2007 年，泰国中华会馆欢迎叶定仕三子叶瑞山（中）到访

1941 年 12 月，日军进攻香港，香港迅速沦陷。为避免追随孙中山先生革命的文物和史料落入日军手中，叶定仕将其藏于故居某处。1943 年，叶定仕在贫病交迫中去世于莲麻坑村。

2009 年 11 月 6 日，香港特别行政区政府宣布，根据《古物及古迹条例》将叶定仕故居列为法定古迹。特区政府古物古迹办事处拨款 700 万港元对该故居进行修葺，并于 2011 年对公众开放。

纪念辛亥革命一百周年　2011 年，为纪念辛亥革命一百周年，莲麻坑村村民决定在叶定仕故居广场竖立孙中山先生铜像，以缅怀革命先贤，激励后人。

为促成此事，莲麻坑村组成孙中山先生铜像筹建委员会，由村长叶华清出任主席，并向社会人士募集捐款。此项活动得到各界人士支持，短时间内就筹得近 100 万港元。

2011 年 12 月 30 日下午 1 时，“孙中山铜像揭幕暨叶定仕故居重修开放典礼”在莲麻坑村叶定仕故居前的小广场隆重举行。新界乡议局主席刘皇发、香港中联办社工部副部长钟荣炽、香港特区政府民政事务局政治助理徐英伟、香港北区民政事务专员陈羿、沙头角区乡事委员会主席李冠洪、国际餐饮联合会会长胡珠、中国生命集团主席刘添财、全港各区工商联会会长吴为赞、沙头角农庄行政总裁张玉麟、香港老战士联谊会会

叶定仕故居前的孙中山先生铜像

长叶维里、新界长山寺管理委员会主席陈金华、香港地方志办公室主任刘智鹏、叶定仕后人叶瑞山等作为主礼嘉宾出席。叶定仕后人和莲麻坑村村民，以及来自香港社会各界的嘉宾 200 余人见证了新界乡村第一座孙中山铜像揭幕的历史性时刻。莲麻坑村村民举行了传统的舞狮、舞麒麟活动。

典礼上筹建委员会主席叶华清致开幕词，高度赞扬叶定仕先生对辛亥革命的贡献，并感谢各界人士的支持。新界乡议局主席刘皇发发言。

2011 年 12 月 30 日，“孙中山铜像揭幕暨叶定仕故居重修开放典礼”在莲麻坑村举行

叶瑞山最后代表全体叶定仕后人，感谢香港特区政府、香港古物古迹办事处、莲麻坑村公所、香港地方志办公室、泰国中华会馆、台北“中国国民党文化传播委员会党史馆”，以及各界热心人士的关心与支持，并愿意以故居为平台，以叶定仕革命事迹为个案，让香港市民更多了解国家的历史，了解香港与国家的关系，启发他们为国家发展，为香港繁荣，作出更大的贡献。

日占时期

深港边界战事 莲麻坑地处粤港边界，在1941年香港被日军进攻前，已深受内地战事影响。

1937年7月7日，日军发动“卢沟桥事变”。在日军大规模进攻下，国内许多大城市相继沦陷。1938年10月，日本军队在广东大亚湾登陆，随即于10月23日攻占广州。日军攻占广州后，为打通广九铁路，于同年11月连日以重兵向常平、樟木头、平湖、深圳各地进迫，与莲麻坑一河相隔的深圳于11月底被攻陷。

深圳河北岸沿线被日军占领后，华人返回内地的交通要道被切断。当时华人若要从陆路回乡，由莲麻坑村偷渡过河到梧桐山是一条快捷通道，只需数分钟，吸引不少华人至莲麻坑村，等待时机偷渡过境。当时活跃于新界的土匪萧天来和活跃于宝安横岗河澳的土匪陈光得知这个情况后，随即派遣党羽进驻莲麻坑村，以保护群众安全过境为名收取“过境保护费”。倘若他们发现往来旅客带有贵重财物，就会随便扣上“汉奸”罪名，抢去他们的财物，并把人劫持到矿山杀害。这两股土匪经常为争夺钱财火并。1941年年初，在莲麻坑村前的小桥上，陈光被萧天来当众枪击受伤，回到内地后不治而亡。

当时莲麻坑亦成为走私的要道，人流和物流络绎不绝。人们经常一起偷渡过境，少则数十人，多则百余人。驻守深圳的日军发现这条通道后，派部队到莲麻坑村对面的长岭村进行镇压，抓人抢货。

日军曾于1939年8月向香港政府提出由香港购运粮食，经莲麻坑运至内地的要求，但遭到香港政府拒绝。同时，英军亦进一步加强戒备。

1939年9月30日，中国军队开始在宝安县境内展开反攻，向驻守深圳的日军进行突袭。10月初，中国军队曾夺回南头、深圳，并占领与莲麻坑近在咫尺的大小梧桐山。在莲麻坑可清楚感受到内地激烈的战事，从莲麻坑矿山居高临下，更可以目睹战事的实况。莲麻坑矿山的外国工程师、职员就曾目睹中国军人向穿越深圳河的日军巡逻队发起进攻，日军出现伤亡。战斗结束后不久，他们又发现约 200 名日军沿着河谷，从沙头角向深圳行军，其中许多人是伤兵。同时，中国军队胜利的消息，一连多日占据香港中西报刊的版面。

1940 年 9 月，日军在边界地区进行实弹演习。不少流弹飞入港界的莲麻坑矿山，矿山工人慌忙逃避，数日不敢复工。根据 9 月 11 日的《香港华字日报》报道，当时 10 余名工人被流弹所伤。

莲麻坑沦陷 1941 年 11 月，日军集结在深圳河北岸，准备进攻香港新界。英军曾进驻莲麻坑村附近的炮台，11 月下旬全部撤走。12 月 8 日，香港被日军入侵，大埔被迅速攻占，莲麻坑村民带着粮食到红花岭山里躲避，村中空无一人。当时村民在山里无法得知外界消息，每天只听见飞机、炸弹、枪炮等声响。半个月后，村民所带粮食即将耗尽。他们以为枪炮声不复存在、战事已告一段落，于是冒险返回莲麻坑村。

村民回家后的一天清晨，全村被日军包围，村民挨家挨户地被赶往村中晒谷场。部分村民因不愿踏出家门而被日军用枪托猛打。日本兵端着刺刀围着晒谷场，还在村口架着机枪，跟随日军大佐的翻译官扬言日军到来是为建立所谓大东亚共荣圈，并警告村民要服从指令，否则后果将不堪设想[①]。

Europeans Had Ringside Seat at "War"

Exciting Experiences At The Lin Ma Hang Mine Bungalows

"TELEGRAPH" STAFF REPORTER

A GRANDSTAND VIEW of the fighting along the Hongkong frontier this week was obtained by the ten European employees and four American and British ladies, wives of employees, at the Lin Ma Hang mines.

From the top of Lin Ma Hang mountain, the fourteen Europeans had a remarkable view of the battle in the valley, while bullets from Chinese and Japanese machine guns and rifles plopped into the hillside a few hundred feet below them.

At one period the battle raged less than 200 yards from where the Europeans stood.

Ladies Take Refuge

The fighting became so severe that the four ladies—Mesdames Joel, W. Fowler, J. Carpenter and R. Baldridge—were ordered to take refuge in their homes and were not permitted to leave for over 24 hours.

Among those who had a ringside view of the battle were Mr. William Joles, mine superintendent, formerly of Red Bluff, California, Mr. Gilbert Stuart, shift boss, formerly of Melbourne, Victoria; and Mr. Roy MacLean, formerly of Brisbane, Queensland.

Officials of the mine told me of their experiences.

"We could see every phase of the fighting," they said.

"The Chinese attacked the Japanese patrol as it was crossing the Lin Ma Hang stream in the valley below us.

"The Japanese took what cover they could, but they were in a badly exposed position and suffered some casualties.

"When the bullets began to whistle into British territory, we ordered our womenfolk to remain in their bungalows.

Chinese Retired

"After the Japanese fled, the Chinese retired back to the mountains, where they are apparently still encamped, secure from aerial reconnaissance.

"We've heard that there's about 2,000 of them in the mountains across the valley. They appeared to be guerillas and not regulars.

"Shortly after the battle, we saw about 200 Japanese proceeding along the valley from the direction of Shataukok to Shum Chun.

"They were apparently the Shataukok garrison, and appeared to have been having a gruelling time.

Many Wounded

"There were several wounded among them.—men walking and limping with bandages on their arms and heads.

"Others, more seriously wounded, were slung across Australian horses, with which the Japanese are equipped here."

Other officials told me that the Chinese seem to have definitely severed communication along the border, and are apparently in command of the hilltops overlooking the valley.

A Royal Air Force plane carried out reconnoitring operations along the frontier, within British limits, earlier this week.

LATEST

Crew Saved

LONDON, Oct. 3 (Reuter).—It is officially announced that the remainder of the crew of the steamer Clement have arrived at Macell. All are well.

See Back Page For Further Late News

Garcia Annexes Boxing Title

NEW YORK, Oct. 2 (UP).—Ceferino Garcia, of the Philippines, won the middleweight boxing championship of the world to-night by technically knocking out Fred Apostoli in the seventh round of their ten-round bout.

《士蔑西报》(*The Hong Kong Telegraph*)1939 年 10 月 3 日头版报道，莲麻坑矿场的欧籍员工在矿山上近距离目睹深圳中日军队激烈交战

当时，莲麻坑矿山出产的铅矿石是制造枪弹的

① 叶维里：《日寇铁蹄下的苦难》，来源于香港老战士联谊会主编的《深圳河两岸抗日枪声：抗日胜利六十周年纪念》，2005 年。

原料，英国人撤退仓促，来不及破坏矿山设备，使日军有机可乘。只要接通电源，技术人员和工人进山即可开采。日军占领新界后，打算恢复开矿。莲麻坑村的年轻村民不希望日军开采矿石，制造枪弹杀害同胞，于是在夜里结伴砍倒通往矿山的电线杆。日军发现后，到村里搜捕砍电线杆的人，虽查无所获，但一直怀疑村民中有"敌对分子"。

为恢复莲麻坑矿山运作，日军派人到邻近乡村，迫令身强力壮的乡民到矿山采矿，不服从的被就地枪毙，农忙时亦不准乡民回家料理农事。

链接：村民口述

年仅14岁的村民叶维里是家中最重要的劳动力，也被迫到矿山工作。1942年冬天某一天，田地要犁冬晒白，即是把泥土翻起来晒太阳，好让来年有好收成。叶维里没去矿山，准备到田里犁冬晒白时，就被日军捉拿到矿山写字楼下的哨所。日军命令他站着不许动，否则就棒打他。他的头都被打肿，最后叶维里母亲带着鸡和鸡蛋，请村长官谭送向日军翻译求情，日本人才肯把他释放。

当时莲麻坑村民可谓朝不保夕。1942年秋，村民叶吉松在田间烧草制作肥料的过程中产生烟火，引来日军猜疑，他被捉拿到队部严刑逼供。叶吉松并没有其他意图，自然不愿招供。结果，他被押进沙头角牢房，囚禁了五个月，并因此大病一场。最后得村长保释，他才捡回性命。①

莲麻坑村与内地仅有一河之隔。1942—1943年，先后有3批英军藏匿于莲麻坑村，等待时机渡过深圳河逃往中国内地。

1942年2月6日，英军少校门罗（R. A. Monro）、香港义勇防卫军上尉特雷费（Trevor）和英国皇家空军的包格（F/O Baug）三人从深水埗战俘营逃走，抵达莲麻坑，藏匿在村后"风水林"。村民发现这批英军战俘后，即由村中唯一懂英语的村民、巴拿马归侨叶定钱，肩负联络及协助英军的工作。除为英军提供粥水、鸡蛋和地瓜充饥外，村民还为他们寻找向导，协助他们穿越边界线。附近的土匪萧天来得知此事后，坚持要

① 叶维里：《日寇铁蹄下的苦难》，来源于香港老战士联谊会主编的《深圳河两岸抗日枪声：抗日胜利六十周年纪念》，2005年。

由他们护送。他们要求英军支付护送费500港元，又强行抢夺英军的枪支。最后，门罗少校等人支付了100港元和200元军票。莲麻坑村民叶煌娇为土匪的一员，战后曾被英国人点名嘉许，称他在带领门罗少校一行从莲麻坑转移至塘头厦的旅程中，在一些关键的地方曾发挥无法衡量的作用。

门罗少校一行人离开莲麻坑后数天，从深水埗战俘营出逃的英军中尉帕斯穆尔（Passmore）、费尔克拉夫（Fairclough）和韦德伯尔尼（Wedderburn）等亦抵达莲麻坑。他们在途中两度遇劫，抵达时已身无分文。叶定钱和其他村民为他们提供食物，资助他们20港元作为旅费，还委托当时在村中做客的村民亲戚张亚铁带这批英军到布吉。

1943年3月，英军服务团安排一批印裔英军藏匿在莲麻坑，等待机会逃往内地。虽然莲麻坑村民没有直接参与营救行动，但容许英军服务团在村内活动，并为整个行动严守秘密，使这批印裔英军最终成功逃往内地。村民因此遭受日军惩罚，也成为后来遭到大规模拘捕的原因之一。

1947年4月，港督杨慕琦在总督府向48名新界居民颁发“战时服务奖状”，褒奖他们协助盟军对日作战的贡献。莲麻坑村的叶定钱、叶煌娇和张亚铁3人获奖。港府亦因上述3次救助行动，颁赠莲麻坑村2000港元奖金。这笔奖金由理民府官保管，用于地方公共工程和奖学金。

一打莲麻坑矿山和第一次大拘捕 新界被日军占领后，许多莲麻坑村民被迫到矿山工作。1943年夏，为避免日本人利用矿石制造枪弹杀害同胞，叶维里、叶盘娇、叶煌青3人曾把一车质量上佳的矿石丢弃在山坑里。叶维里提议炸毁矿山。当时每天除了运送矿石外，他们还将炸药、信管和导火索送进坑道，与其他矿工一起装炮、烧炮。在这过程中，他们学会了爆破技术。

1943年10月7日晚上，他们计划在八号洞进行爆破。在将导火索插进信管及炸药箱的过程中，他们不慎触碰地上的空罐头盒，引起警报器狂响。日军随即向八号洞进行连环扫射，他们逃往鹿湖山，并在山上躲避一整晚。第二日，他们下山探查，问明村里情况没有异常，才悄悄归家。

在日据时期莲麻坑隶属沙角区，由日军的沙头角宪兵部管辖。1942年10月至1944年11月，驻守该宪兵部的军曹中岛德造恶名昭著，犯下众多战争罪行。

据英国陆军部档案记录，1943年10月9日，沙头角宪兵部曹长桑木、军曹中岛德

白虎山日军碉堡遗址（2013 年）

造和戴通译率领 10 多名日本兵和宪查前往莲麻坑，将村内 70 多名村民拘捕，带回沙头角宪兵部囚禁并施刑。

村民被囚禁在一所狭窄的监牢中。在村民被困的第三天，日本兵来到监牢，把当时的村长叶吉伟带到审问室拷问。中岛指控莲麻坑收容藏匿英军俘虏，并协助其逃往自由区、参加轰炸粉岭无线电台工作，以及联络、藏匿游击队等罪名。叶吉伟否认所有这些指控。中岛对他施以酷刑，叶吉伟始终没有承认日军的指控，被囚禁 32 天才被释放。其他莲麻坑村民亦惨遭中岛的迫害，24 岁的叶天祥被迫害致死，叶维里受到严刑拷问。

莲麻坑村民被扣留在沙头角 20 天，最

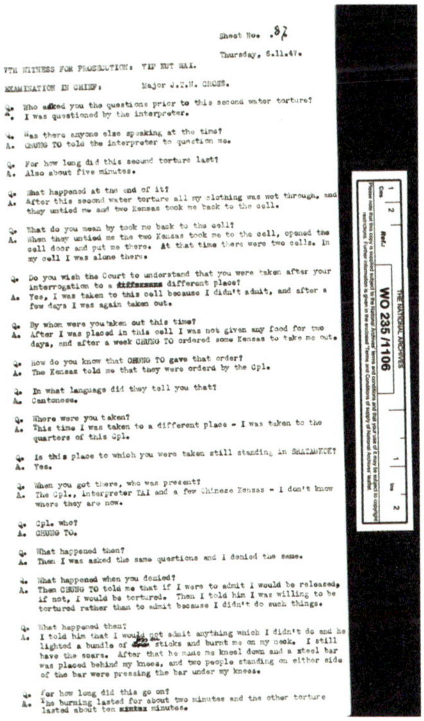

Sheet No. 87

Thursday, 6.11.47.

7TH WITNESS FOR PROSECUTION: YIP NUT WAI.

EXAMINATION IN CHIEF: Major J.T.N. CROSS.

Q. Who asked you the questions prior to this second water torture?
A. I was questioned by the interpreter.

Q. Was there anyone else speaking at the time?
A. CHUNG TO told the interpreter to question me.

Q. For how long did this second torture last?
A. Also about five minutes.

Q. What happened at the end of it?
A. After this second water torture all my clothing was wet through, and they untied me and two Kensas took me back to the cell.

Q. What do you mean by took me back to the cell?
A. When they untied me the two Kensas took me to the cell, opened the cell door and put me there. At that time there were two cells. In my cell I was alone there.

Q. Do you wish the Court to understand that you were taken after your interrogation to a different place?
A. Yes, I was taken to this cell because I didn't admit, and after a few days I was again taken out.

Q. By whom were you taken out this time?
A. After I was placed in this cell I was not given any food for two days, and after a week CHUNG TO ordered some Kensas to take me out.

Q. How do you know that CHUNG TO gave that order?
A. The Kensas told me that they were orderd by the Cpl.

Q. In what language did they tell you that?
A. Cantonese.

Q. Where were you taken?
A. This time I was taken to a different place - I was taken to the quarters of this Cpl.

Q. Is this place to which you were taken still standing in SHATAUKOK?
A. Yes.

Q. When you got there, who was present?
A. The Cpl., interpreter TAI and a few Chinese Kensas - I don't know where they are now.

Q. Cpl. who?
A. CHUNG TO.

Q. What happened then?
A. Then I was asked the same questions and I denied the same.

Q. What happened when you denied?
A. Then CHUNG TO told me that if I were to admit I would be released, if not, I would be tortured. Then I told him I was willing to be tortured rather than to admit because I didn't do such things.

Q. What happened then?
A. I told him that I would not admit anything which I didn't do and he lighted a bundle of [illegible] sticks and burnt me on my neck. I still have the scars. After that he made me kneel down and a steel bar was placed behind my knees, and two people standing on either side of the bar were pressing the bar under my knees.

Q. For how long did this go on?
A. The burning lasted for about two minutes and the other torture lasted about ten minutes.

THE NATIONAL ARCHIVES

WO 235/1106

莲麻坑村长叶吉伟在法庭上的证词

2013 年 3 月 9 日，东江纵队老战士叶维里在日军沙头角宪兵部旧址前

叶维里手绘的沙头角宪兵部平面图

初被关押在狭窄的牢房，后来则被扣押在一个露天空场。其间，日军基本不提供食物和食水，被囚村民的家人每天从莲麻坑步行 4 英里（约 6.44 千米）到沙头角宪兵部送饭。

附：1943 年 10 月莲麻坑被日军拘捕村民名录

叶维里	官　贵	官　谭	刘　兴	叶来有	叶吉铭	叶天保	叶石带
叶吉富	叶吉影	叶亚发	叶吉甫	叶吉松	叶亚香	叶天祥	叶乙贵
叶新才	叶吉芳	叶志宏	叶有生	叶灶生	叶吉扬	叶吉卓	叶云华
叶新九	叶庚彝	叶丁福	叶春来	叶马带	叶卢恩	叶吉涛	叶亚义
叶吉宽	叶新栈	官煌胜	叶吉伦	叶茂生	叶定干	叶定霜	叶丙新
叶观生	叶观连	叶家小	叶祥奎	叶亚德	叶定隆	叶定瑶	叶丁发
叶汉强	叶定民	叶天孙	叶吉伟	叶吉干	叶吉邦	叶炳才	叶腾芳
叶大新	叶吉就	叶茂香	叶生发	叶天胜	叶石带	冼官保	刘纪润
叶天福	叶　宋	叶煌恩	叶石保	叶吉彝	叶培香	叶正才	叶吉勋
叶霭兰	叶百泉	叶理山					

二打莲麻坑矿山和第二次大拘捕　日军攻打至莲麻坑后，村里粮食不足，村民要到龙岗、横岗买粮充饥。在购买粮食途中，叶维里曾跟抗日游击队员聊天。他们不顾个人安危，奋勇抗敌的爱国精神，促使他决心投身游击队。

1943 年秋，叶维里越过深圳河到游击区横岗，遇上同班同学李乙寿。李乙寿已加入中共领导的广东人民抗日游击总队（东江纵队前身），得知叶维里有意成为游击队员，便介绍他加入。

叶维里参加游击队后，被编入侦察队，在沙头角、沙湾一带从事情报工作，发动群众与敌人作斗争。通过叶煌青、叶盘娇在莲麻坑所探听的情报，叶维里认为日军对矿山的监控开始松懈。“一打莲麻坑矿山”事件后，炸药库的炸药全被日军搬走。矿山每天所用的炸药都是当天从外地用汽车押运过来，并按用量决定运载数量。守备矿山的日军兵力只有一个班，外加数名印度雇佣兵看守公路哨所，监控物资仓库。

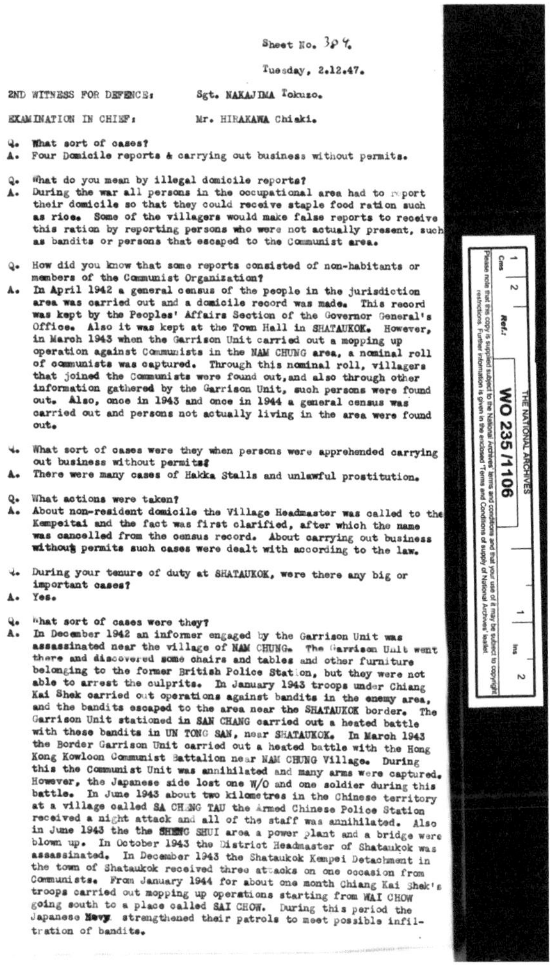

Sheet No. 384.

Tuesday, 2.12.47.

2ND WITNESS FOR DEFENCE: Sgt. NAKAJIMA Tokuzo.

EXAMINATION IN CHIEF: Mr. HIRAKAWA Chiaki.

Q. What sort of cases?
A. Four Domicile reports & carrying out business without permits.

Q. What do you mean by illegal domicile reports?
A. During the war all persons in the occupational area had to report their domicile so that they could receive staple food ration such as rice. Some of the villagers would make false reports to receive this ration by reporting persons who were not actually present, such as bandits or persons that escaped to the Communist area.

Q. How did you know that some reports consisted of non-habitants or members of the Communist Organization?
A. In April 1942 a general census of the people in the jurisdiction area was carried out and a domicile record was made. This record was kept by the Peoples' Affairs Section of the Governor General's Office. Also it was kept at the Town Hall in SHATAUKOK. However, in March 1943 when the Garrison Unit carried out a mopping up operation against Communists in the NAM CHUNG area, a nominal roll of communists was captured. Through this nominal roll, villagers that joined the Communists were found out, and also through other information gathered by the Garrison Unit, such persons were found out. Also, once in 1943 and once in 1944 a general census was carried out and persons not actually living in the area were found out.

Q. What sort of cases were they when persons were apprehended carrying out business without permits?
A. There were many cases of Hakka Stalls and unlawful prostitution.

Q. What actions were taken?
A. About non-resident domicile the Village Headmaster was called to the Kempeitai and the fact was first clarified, after which the name was cancelled from the census record. About carrying out business without permits such cases were dealt with according to the law.

Q. During your tenure of duty at SHATAUKOK, were there any big or important cases?
A. Yes.

Q. What sort of cases were they?
A. In December 1942 an informer engaged by the Garrison Unit was assassinated near the village of NAM CHUNG. The Garrison Unit went there and discovered some chairs and tables and other furniture belonging to the former British Police Station, but they were not able to arrest the culprits. In January 1943 troops under Chiang Kai Shek carried out operations against bandits in the enemy area, and the bandits escaped to the area near the SHATAUKOK border. The Garrison Unit stationed in SAN CHANG carried out a heated battle with these bandits in UN TONG SAN, near SHATAUKOK. In March 1943 the Border Garrison Unit carried out a heated battle with the Hong Kong Kowloon Communist Battalion near NAM CHUNG Village. During this the Communist Unit was annihilated and many arms were captured. However, the Japanese side lost one W/O and one soldier during this battle. In June 1943 about two kilometres in the Chinese territory at a village called SA CHUNG TAU the Armed Chinese Police Station received a night attack and all of the staff was annihilated. Also in June 1943 the the SHENG SHUI area a power plant and a bridge were blown up. In October 1943 the District Headmaster of Shataukok was assassinated. In December 1943 the Shataukok Kempei Detachment in the town of Shataukok received three attacks on one occasion from Communists. From January 1944 for about one month Chiang Kai Shek's troops carried out mopping up operations starting from WAI CHOW going south to a place called SAI CHOW. During this period the Japanese Navy strengthened their patrols to meet possible infiltration of bandits.

宪兵伍长中岛（后升为军曹）的庭上供词

1944 年 3 月的一个晚上，在未向上级请示的情况下，叶维里连同另一名游击队员黄伟动员沙湾黎围村 200 余名民兵向莲麻坑矿山进攻。他们俘虏了守备公路哨所的 3 名印度雇佣兵，随即打开仓库大门搬运物资，并计划烧毁仓库。他们的行动惊动了驻防半山腰的日军，日军迅速以机枪、步枪回击。由于民兵军事常识不足，加上所持枪械不多，他们只好一边还击，一边掩护群众撤退。

1944 年 9 月 8 日黎明，桑木、中岛、戴通译和 20 多名宪查再次包围莲麻坑，把村中约 60 名 16 岁以上的男性村民拘捕。村民被带到沙头角宪兵部，在露天场所暴晒，被日军严刑逼供，叶天送、叶生被迫害致死。

在战后香港审判日本战犯的第五法庭中，两次拘捕行动均被裁定为战争罪行。中岛军曹残害沙头角区各村村民的案件审讯过程达两个月，最终主审官以罪证确凿，判处中岛军曹绞刑，于 1948 年 3 月 9 日执行。

三打莲麻坑矿山 “二打莲麻坑矿山”事件后，日军重新部署矿山守备工作，除增加兵力至一个排外，还重新修补矿山的铁丝网，增设警报器，以及修筑防御工事。单凭少量土枪、土炮，村民很难摧毁矿山。

1944 年初冬，叶维里到坪山飞龙大队部（即东江纵队第二支队第三大队队部），向大队长曾春连（原香港工人）等汇报莲麻坑矿山敌人的情况。为慎重起见，大队长命令他再次深入敌后侦察。叶维里秘密返回矿山周边地区侦察，又根据叶盘娇、叶煌青等人所得的情报，绘制了地图，送回坪山飞龙大队部，交给曾春连。

飞龙大队根据叶维里提供的情报，进行周密部署。1945 年 2 月底的一个晚上，大队长曾春连等率领 200 多名游击队员到沙湾茂仔村集结，并决定当晚摧毁莲麻坑矿山。这次行动得到沙湾地方党组织和许多民工配合。午夜十二时，部队正式出发，行动至莲塘长岭后，各战斗单位按计划行动：第一路小队经迳肚村到伯公坳警戒沙头角来敌。第二路由黄汉英、张丁带领手枪突击队潜入矿工宿舍的树林（该树林距离日军营房约 70 米），待大队部发出进攻信号后，突击消灭警备队。第三路由长岭村过桥，沿莲麻坑、沙头角公路直插矿山公路哨所，其后有 100 多名民工跟随。第四路，由大队长率领一个中队为预备队，进入矿山半山腰的八号洞，指挥全局。

次日凌晨一时三十分，战斗正式开始。作为手枪突击队员和向导，叶维里引领队伍向日军警备队的驻所进攻，途中被日军手榴弹所伤。偷袭计划暴露，敌人全面开火。手枪突击队员在张丁的带领下还击，将潜伏的日本兵击毙。经过十数分钟的猛烈交火后，日军最终被击溃，四处逃窜。

2013 年 6 月 2 日，叶维里在深圳伯公坳哨所前

日军被击溃后，大队长曾春连命令不留任何物资。于是，跟随部队而至的 100 多名民工将能担走的物资全部担走，不能担走的则放火焚烧。大火连烧多个昼夜，莲麻坑矿山变成废墟。

乡村经济

莲麻坑和新界其他村庄一样，村民长期依赖农业维生，传统的农耕方式持续至近代。二十世纪六七十年代，大批村民移民海外，田地大量撂荒，农业从此一蹶不振。时至今日，村内再无村民依靠农业维持生活。莲麻坑矿场在全盛时期曾被誉为香港唯一使用先进技术和利用机械开采的矿场。“中国留学生之父”容闳的长子容觐彤曾在莲麻坑经营矿场8年。

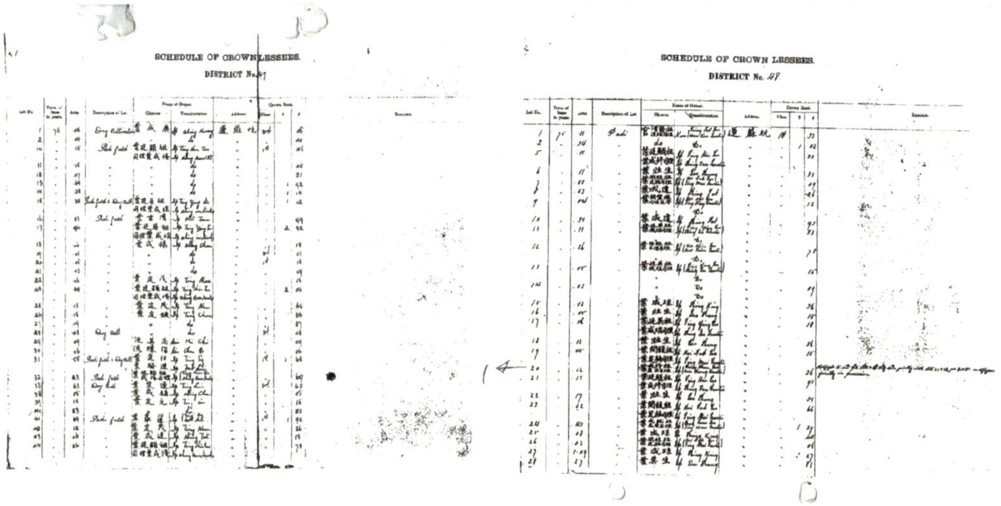

集体官契丈量约份第 47 及 48 约的土地契约表

◉ 农业

土地状况 根据香港政府 1905 年的"集体官契"记录，莲麻坑（包括迳肚）可耕地面积为 144.238 英亩（约为 875.6 亩）。其中，水稻田 106.718 英亩（约为 647.8 亩），占 74%，旱地 37.52 英亩（约为 227.8 亩），占 26%。

1905 年莲麻坑可耕地面积统计表

表 5　　　　单位：英亩

姓氏	水稻田	旱地	合计
叶	76.408	26.167	102.575
官	2.55	1.53	4.08
刘	15.578	3.978	19.556
冼	2.32	2.87	5.19
张	7.82	2.38	10.2
李	1.314	0.595	1.909
曾	0	0	0
万	0.568	0	0.568
灯花会	0.11	0	0.11
伯公会	0.05	0	0.05
合计	106.718	37.52	144.238

说明：资料来源于土地注册处集体官契丈量约份第 47 及 48 约

据《大清律例》，英占前莲麻坑的私人地和祖堂地都属于私有土地，业主拥有永业权。

1898 年 6 月 9 日，中英两国签订《展拓香港界址专条》，该条约规定，“在所展界内，不可将居民迫令迁移，产业入官，若因修建衙署、筑造炮台等官工需用地段，皆应从公给价”。1899 年 4 月 9 日，香港总督卜力（Henry A. Blake）在新界发布中文告示称，“凡确属尔等自置田产，仍归尔等自行管业”。

接管新界后，英国人并未履行条约规定和告示中的承诺。1900 年，香港政府颁布《田土法庭条例》，其中第 17 条为，“规定并宣告在 1898 年 6 月 9 日条约所订租约内，新界一切土地均属政府产业，凡（于宪报所定日期后）占有此等土地之人即被宣告为霸占政府公地者，除非其所占有之土地经由政府发给官批，或由田土法庭核发其他契据”。

香港政府通知新界业主和土地使用人登记他们的土地权益，扣押了他们土地房产的官印红契和民间交易的白契。从 1905 年起，香港政府通过“集体官批”，租批从前的私有田地给予被认定的业权人，租期 75 年，可续租 24 年（但减三日）。英国人改变了新界的土地拥有形态，原居民土地业权人原来拥有的永久业权变为承租权。他们需要向香港政府缴纳地租，其私人土地实际上变成官地。

莲麻坑的土地分祖堂地（俗称阿公田）和私人地。先人在分配田产时，会按照旧有风俗，将部分名下的田产划为“蒸尝田”（即祖堂地），供他的子孙后代轮流耕作。每年获分配尝田的家庭，须向祖堂缴纳 2 ～ 3 斗谷作为田租，所得的租金由司理人管理，用于宗族公益事务，或举办宗族活动例如庆典、祭祀等。

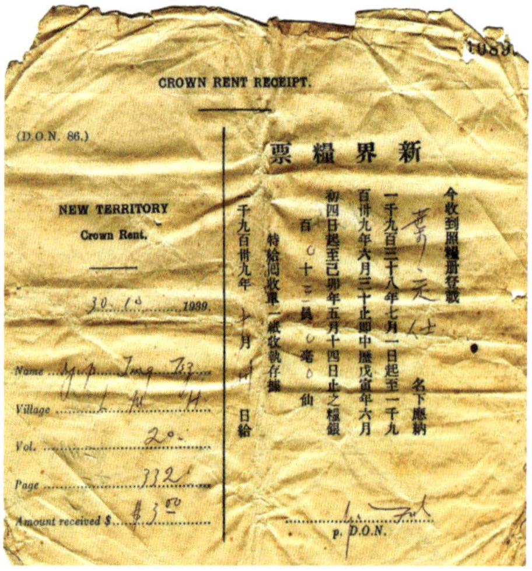
CROWN RENT RECEIPT.

(D.O.N. 86.)

NEW TERRITORY
Crown Rent.

30.10. 1939.

Name Yip Ting Tsz
Village
Vol. 20
Page 332
Amount received $ 3.00

新界糧票

今收到照糧册存載　　　　名下應納
一千九百三十八年七月一日起至一千九
百卅九年六月三十止即中歷戊寅年六月
初四日起至己卯年五月十四日止之糧銀
百 〇 十 三 員 〇 毫 〇 仙
特給回收單一紙收執存據
一千九百卅九年 十 月 卅 日給

p. D.O.N.

1939 年叶定仕向香港政府缴纳粮银（地租）的收单

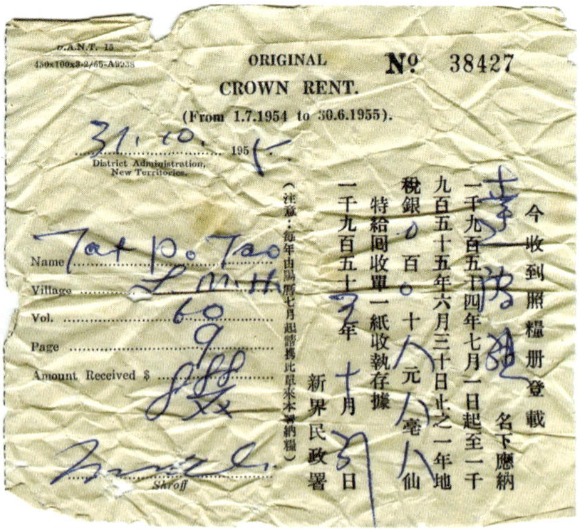
D.A.N.T. 15

ORIGINAL　　№ 38427
CROWN RENT.
(From 1.7.1954 to 30.6.1955).

31.10. 1955.
District Administration, New Territories.

Name Tat Po Tso
Village L.M.H.
Vol. 60
Page 9
Amount Received $ 8.88

Shroff

今收到照糧册登載　　　　名下應納
一千九百五十四年七月一日起至一千
九百五十五年六月三十日止之一年地
稅銀 〇 百 〇 十 八 元 八 毫 八 仙
特給回收單一紙收執存據
一千九百五十五年 十 月 卅 日
新界民政署

（注意：每年由陽曆七月起請携此單來本署納糧）

1955 年莲麻坑达波祖的祖堂地向香港政府缴纳粮银（地租）的收单

祖堂地的分布、多少以及祖堂成员枝叶繁衍情况各有不同，使莲麻坑每一户轮耕尝田的机会大有差别。以叶廷显公的祖堂地为例，廷显公有 6 个儿子，他遗留下来的祖堂地由 6 房轮耕，即每房隔 6 年有一次耕作机会。廷显祖第二房子孙后代较少，第六房却儿孙满堂，所以第二房的子孙轮候祖堂地的速度比第六房快很多。

经过多年发展，有些田地只有 2 ～ 3 户轮耕，有些田地却有 5 ～ 10 户轮耕；有些村民每年皆可分得祖堂地耕作，有些村民苦等 10 年也未能轮候到祖堂地耕作。

《民国七年波大祖尝田租谷轮值显祖份下收执部》记载了叶氏族人达波祖五大房当年分耕缴纳租谷的情况。

五大房轮流耕作的田地范围很广。其中，包括莲麻坑的半卜、大垄、楼下、牛其垄、对面、横迳、楼仔下、塘壆下，还有黄沙份，香园围的凹背垄、曲湖、烂围，简头围的岭皮仔，坪洋的帐尾、大松树下，以及深圳河以北的长岭、牛湖头、朴子树、楼子下、做禾塘等。

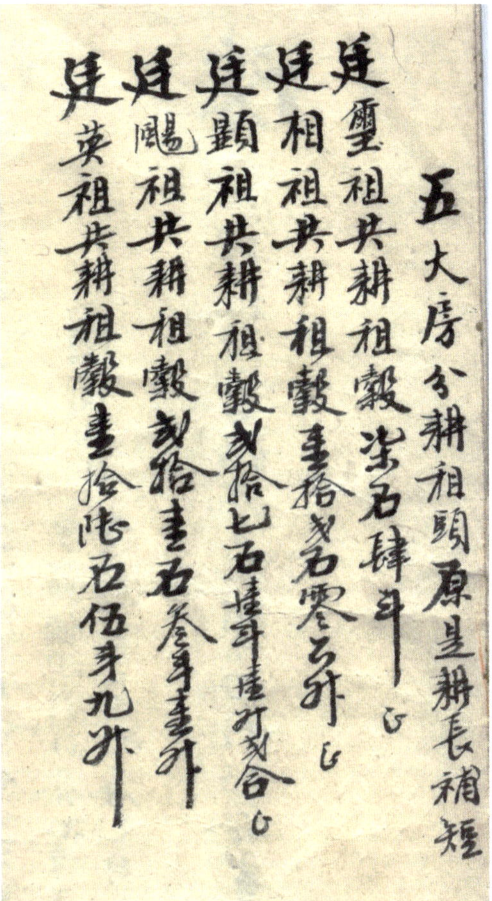

《民国七年波大祖尝田租谷轮值显祖份下收执部》记载的叶氏达波祖五大房分耕田地缴纳租谷情况

有些祖堂地会出租给外姓人耕种。根据波大祖收租谷部 1918 年的资料，莲麻坑叶氏达波祖出租的祖堂地分布范围很广，遍布深圳河两岸。在深圳河以北的，有深圳沙头角的东和墟、下迳、上迳、水迳、元墩头、少井头、吓井头、沙栏吓、官路下。向西有远在布吉一带的布吉墟、吉下、木棉湾、李朗、大坑肚、松元头。在深圳河以南的，有英界沙头角的山嘴、下凹头、禾坑、南涌、香园、坪洋。

莲麻坑村民在深圳河以北购买土地的记录，现存文件可追溯至清咸丰年间（1851—1861）。1913 年广东财政司颁发的一份"改换断卖新契纸"，确认了清咸丰十年十二月初一（1861 年 1 月 11 日）签订的地契，显示莲麻坑村民叶昌兰从万嘉和手中买断税田，农田坐落于深圳河北岸长岭枫树尾，面积三斗四升种，[1] 时值银贰拾捌元八毫九仙。

1899 年英国人接管新界以后，对土地的管理较为严格。英国人土地丈量精细，所有农地均要纳粮；村民在农地上建屋，既要申请，还要升粮补价。自 19 世纪末开始，有较多的莲麻坑村民，特别是在海外赚到钱的华侨，到与莲麻坑仅一河之隔的深圳长岭一带购买或开垦土地、兴建房屋。民国时期，这种情况更为普遍。

1910 年，莲麻坑村民叶开清从叶绍伯手中买断税田，坐落于深圳河北岸长岭牛湖头，面积拾肆亩柒分陆厘壹毫，时值银捌拾元。

1938 年，莲麻坑村民叶昌宠在迳肚半幅有田地七分八厘，时值价银国币贰拾元零四角。他还在小坑枫树尾有价值六十二元八角的田地。

1938 年，莲麻坑村民叶定湘在长岭有田地一亩七分二厘，时值银六十七元二角。到 1956 年，叶定湘在长岭的田地有 8.53 亩，当年曾向宝安县缴纳公粮 103.5 千克。

1947 年，莲麻坑村民叶毓堂在深圳镇沙深公路地段有一幅 12 亩 46 分的田地，时价 12.46 万港元。同年，他又以 600 港元从叶秉元母钟氏手中买入深圳墟东门的地基一段，长三丈四（约 11.3 米），宽二丈四（约 8 米）。

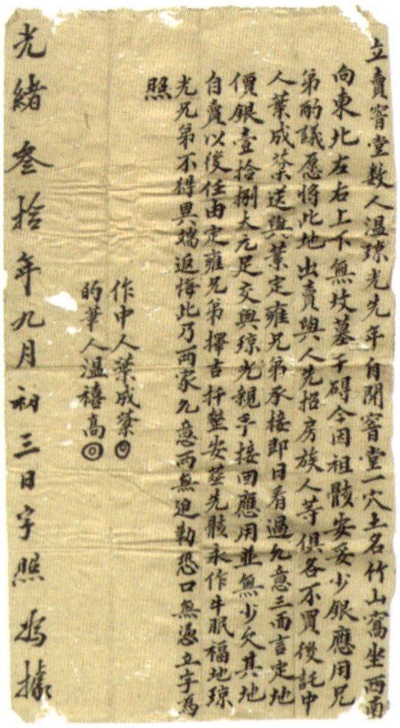

立賣窨堂數人温琼光先年自開窨堂一穴土名竹山窩坐西南向東北左右上下無坟墓子碍今因祖骸安妥少銀應用兄弟酌議愿將此地出賣與人先招房族人等俱各不買後托中人葉成榮送與葉定雍兄弟承接即日看過允意三面言定地價銀壹拾捌大元足交與琼光親手接回應用並無少欠其地自賣以後任由定雍兄弟擇吉扦塟安塟先骸永作牛眠福地琼光兄弟不得異端返悔此乃兩家允意而無迫勒恐口無憑立字為照

作中人葉成榮◎

的筆人温禧高◎

光緒叁拾年九月初三日字照為據

清光绪年间的土地买卖契约，叶定雍兄弟购得窨堂一穴，用以安葬先骸

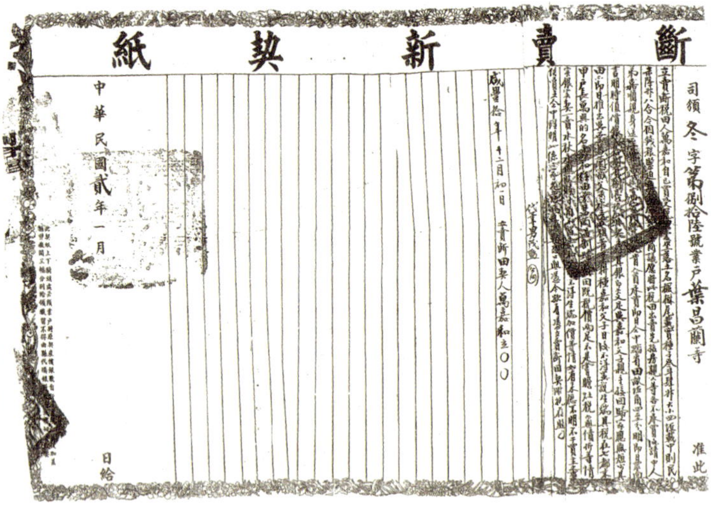

斷賣新契紙

司頒冬字第捌拾陸號業戶葉昌

中華民國貳年一月　日給

准此

1913 年广东财政司颁发的“改换断卖新契纸”

---

① 村民习惯以“斗种”为单位形容土地的大小。斗是一种容器，一斗种田地意即用一斗谷种耕作的田地，面积约为 715 平方米。

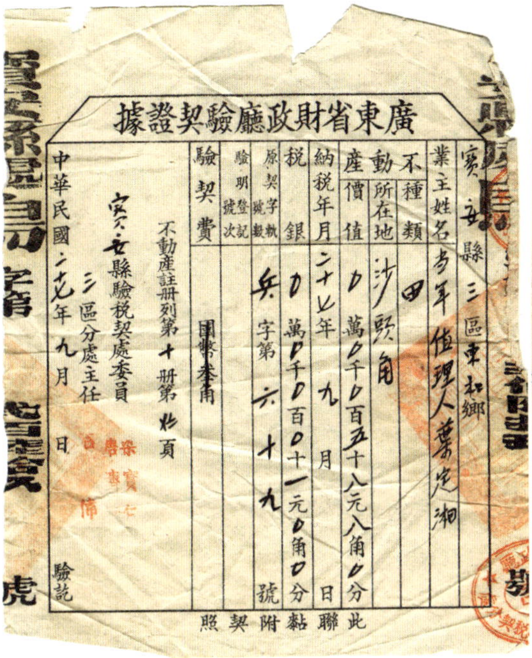
廣東省財政廳驗契證據

寶安縣三區東和鄉

業主姓名 代理人葉定湘

不動產 種類 田

所在地 沙頭角

價值 0萬0千0百五十八元八角0分

納稅年月 二十七年 九 月 日

稅銀 0萬0千0百0十一元0角0分

原契字號數

驗明登記號次 兵字第 六十九 號

驗契費 國幣叁角

不動產註冊列第十冊第 頁

寶安縣驗稅契處委員

三區分處主任

中華民國二十七年九月 日

驗訖

此聯黏附契照

1938 年莲麻坑村民叶定湘在深圳沙头角的土地地契

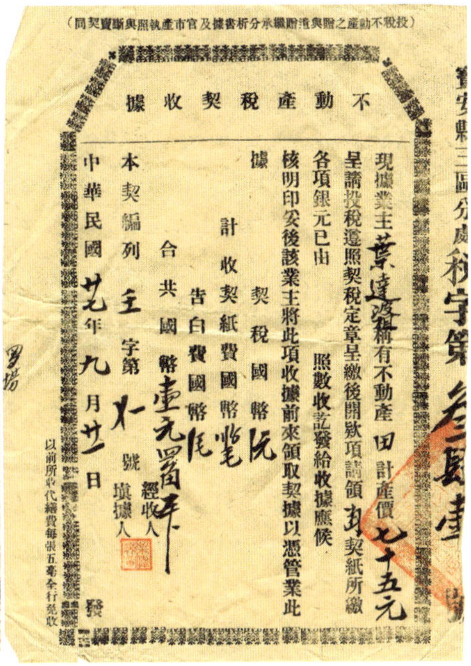
不動產稅契收據

現據業主葉達游有不動產田計產價七十五元

呈請投稅遵照契稅定章呈繳後開款項請領 契紙所繳

各項銀元已由 照數收訖發給收據應候

核明印契後該業主將此項收據前來領取契據以憑管業此

據

計 契稅國幣

收契紙費國幣

告白費國幣

合共國幣

本契編列 字第 號

經收人

填據人

中華民國廿七年九月廿一日 發

1938 年村民向国民政府纳粮（缴付不动产税）的收据

叶毓堂是早年到牙买加谋生的华侨。1947 年香港新界联和置业有限公司计划筹集 50 万港元在粉岭创建联和墟，叶毓堂曾入普通股 30 股，共计 300 港元。

1952 年，长岭进行土地改革。土地改革时期，坐落于深圳河北岸的属于莲麻坑的祖堂地被重新分配，留在长岭的莲麻坑村民获分配田地；属莲麻坑的私人田地没有参与土改。

莲麻坑村民叶昌兰于清咸丰年间（1851—1861）在长岭购置的田地，后传至他的孙子叶定通及侄孙叶定铣。中华人民共和国成立后，叶定通儿媳万氏一家参加土改，获得土地房屋所有证。叶定铣之子叶维里因参加中国人民解放军而错过土改，未获得他的家族在长岭的土地所有权。

在深圳长岭一带拥有田地、房屋等物业的村民，集中在叶氏的延聚及廷扬两房族人。但在 1980 年或以前，两房族人大部分已回港居住或移民海外，他们的物业转予外人。刘氏族人在迳肚的物业，也因类似原因而丧失所有权。

农作物耕作 莲麻坑的农田主要是水稻田，水稻是莲麻坑村民昔日的主要农作物。村民种植的水稻品种主要有丝苗、齐眉和糯米 3 种，每年可收割 2 次，第一次在 3 月播

20 世纪 50 年代的莲麻坑矿山建筑物和深圳河两岸星罗棋布的水田

种，6 月收成；第二次在 6 月播种，10 月收成。收成方面，接近“风水塘”及围内的水稻田较为肥沃，每斗种的产量可达 3 ～ 4 担（181 ～ 242 千克）；但其他地方的水稻田，每斗种的产量平均为 1 ～ 2 担（60 ～ 121 千克），较新界其他地区少。

若遇到气候不佳，稻米赶不及收成，村民就会将禾拗弯，以避免强风直接打在作物上造成损失。

在战前，莲麻坑几乎每家每户都拥有石磨。村民收割稻米后，会以人力除去谷壳，取出白米。20 世纪 60 年代，机器打谷已经比使用石磨更普遍。莲麻坑村民会将稻米运到上水石湖墟的米机铺，利用米机铺的机器打谷。村民可以选择让米铺收走米糠，或给予约 5 元打谷费。20 世纪 60 年代，一担稻米可卖 200 ～ 300 元。莲麻坑村民通常会卖出优质的全米，在米铺买回便宜的碎米食用。

废弃的刘氏宗祠中保存的传统农具风柜（2014 年）

每年 10 月割禾之后就进入旱季，村民把水稻田犁后，会种植蔬菜或其他经济作物，例如芥菜、番薯、芋头、大豆、姜、花生、苎麻、萝卜等。有些作为后备食粮，有些带到附近的墟市出售。

位于莲麻坑半山的旱地，适合耕作的土地都被开发成梯田，村民称之为“畲”，可种植杂粮或开垦成果园。杂粮主要分两种，一种名为狗尾粟，另一种名为鸭脚粟。狗尾粟因穗如狗尾而得名，呈黄色，又称黄粟、小米，品质较佳；鸭脚粟呈紫色，品质较差，但较为耐旱。

莲麻坑有 2 家果园，规模不大，主要种植番石榴、荔枝、杧果等果树。一家位于竹山（近塘肚山），由叶关保经营，种植不同种类的水果和蔬菜。另一家位于坭塘（近横沥），在 20 世纪 60 年代由前村代表官谭开辟，种有十余棵荔枝树。

清末，城市逐步发展，对传统的农业社会产生深远的影响。不少新界农民放弃耕作，前往海外谋生，又或到香港市区工作。抗战胜利后，香港急剧的城市化和工业化发展，令更多的新界农民放弃农村生活，前往市区谋生。20 世纪 50 年代开始新一波移民潮，大批莲麻坑村民前往英国发展，在餐馆工作或经营外卖店。

20 世纪 60 年代，莲麻坑大量男性村民前往英国工作，村内只剩妇女从事耕作。不少家庭有来自英国的汇款，耕作变得可有可无，所得的收成只求自给自足。农业人口大幅度减少，愈来愈多的农地被荒废、闲置。

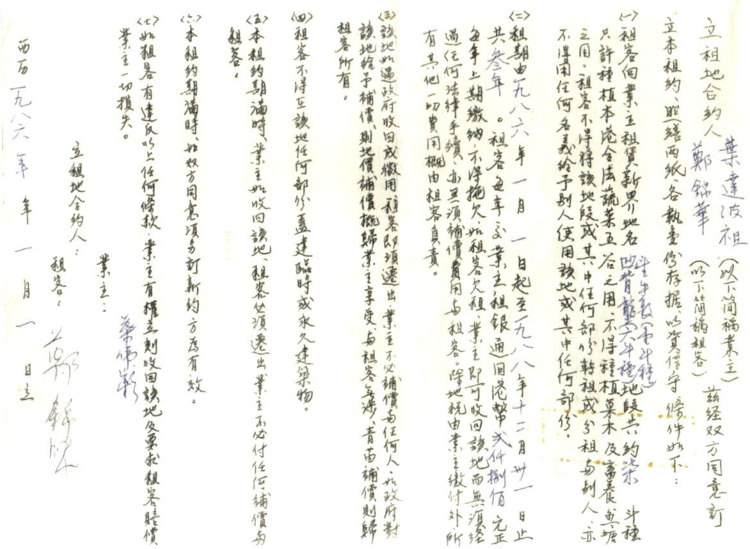
立租地合約人 葉達波祖（以下简稱業主） 鄭錦華（以下简稱租客） 茲经双方同意訂立本租約，照缮两紙，各執壹份存據，以資信守，條件如下：

〈一〉租客向業主租賃新界地名 [illegible] 地段共約 [illegible] 斗種，只許種植本港合法蔬菜五谷之用，不得種植菓木及畜養魚塘之用。租客不得將該地段或其中任何部份轉租或分租與別人，亦不得用任何名義給予別人使用該地或其中任何部份。

〈二〉租期由一九八六年一月一日起至一九八八年十二月卅一日止，共叁年。租客每年交業主租銀通用港幣貳仟捌佰元正，每年上期繳納，不得拖欠。如租客欠租，業主即可收回該地而無須经過任何法律手續，亦無須補償費用與租客。除地稅由業主繳付外，所有其他一切費用概由租客負責。

〈三〉該地如遇政府收回或徵用，租客即須遷出，業主不必補償與任何人。如政府對該地給予補償，則地價補償概歸業主享受，與租客無涉，青苗補償則歸租客所有。

〈四〉租客不得在該地任何部份蓋建臨時或永久建築物。

〈五〉本租約期滿時，業主如收回該地，租客亦須遷出，業主不必付任何補償與租客。

〈六〉本租約期滿時，如双方同意須另訂新約方為有效。

〈七〉如租客有違反以上任何條款，業主有權立刻收回該地及要求租客賠償業主一切損失。

立租地合約人：
業主：
租客：

西历一九八六年一月一日立

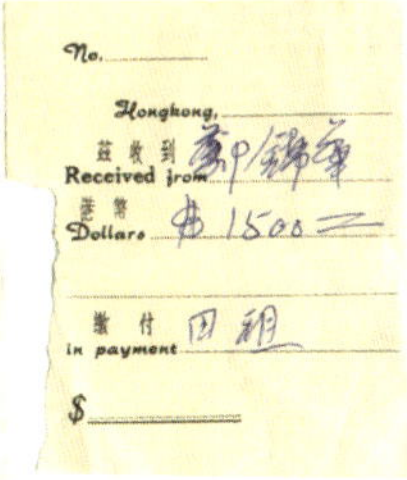
No.
Hongkong,
茲收到 Received from 鄭錦華
港幣 Dollars $1500
繳付 in payment 田租
$

1986 年，潮州人郑锦华与叶达波祖订下租约

至 20 世纪 70 年代，早年移居英国的男性村民开始陆续接留在莲麻坑的眷属到英国团聚，村内仍从事耕作的农户寥寥可数。

在 20 世纪 60 年代莲麻坑村民离开家乡的同时，一些来自潮州的农民偷渡到香港，部分在莲麻坑附近定居。由于莲麻坑人口数量下降，劳动力不足，村民主要耕作接近莲麻坑的田地，并将距离莲麻坑村较远的田地租赁给潮州人。潮州人在莲麻坑的田地上开辟菜园，会聘请莲麻坑村的妇女帮工，负责担水、灌溉、播种等工作。

在 20 世纪 60—80 年代，惠州人叶远淦曾租赁村内杉头下土地，用来经营果园和养鸡。租赁关系持续至今。1986 年的一份租地合约表明，潮州人郑锦华租赁叶达波祖在望牛墩一斗种、凹背垄六斗种，合计七斗种的田地，用以种植蔬菜、五谷，租金为每年 2800 港元。

20 世纪 80 年代初，叶胜曾与佛山市属下的香港荣山公司合作，在横沥、水口等地种植蔬菜、鲜花，经营五六年。

养殖业

旧时，莲麻坑村民都有养鸡、养猪的习惯，赚取耕作以外的额外收入，仅属家庭式经营，每户饲养禽畜的数量不多。至 20 世纪 70 年代，莲麻坑开始出现较具规模的鸡场和猪场。

养鸡 20 世纪 60 年代，莲麻坑村内每家每户每年会饲养 10 多只鸡，通常是从墟市买入鸡苗，饲养鸡至长大成熟后，部分带往墟市贩卖，或等待商贩到村中收购；部分留为节庆期间食用。

至 20 世纪 70 年代，莲麻坑村民陆续放弃耕作，开始有村民经营正式的鸡场。在最高峰时期，莲麻坑村民经营的鸡场有 6 ~ 7 间。最大规模的鸡场由叶送经营，鸡场位于莲麻坑沙吓附近，后扩展至嘉道理农场莲麻坑办事处附近，全盛时期饲养 2 万只鸡。

莲麻坑村的鸡场受规模所限，村民不会自行孵育鸡只，只购入鸡苗，将鸡苗养育成肉鸡贩卖。自 20 世纪 70 年代末开始，由于鸡只价格下跌，工序又过于繁琐，养鸡场逐渐被养猪场取代。

养猪 在莲麻坑村，养猪业最初为家庭式经营，一户人平均 1 ~ 2 头猪，到后来养猪场出现，情况有所改变。1959 年，嘉道理农业辅助会（Kadoorie Agricultural Aid Association，KAAA）在莲麻坑西北的望牛墩修建了一间小屋作为办事处，并在附近兴建了一家养猪场，供生活穷苦的村民在那里养猪，让他们自力更生。村民经村长推荐，再经农业辅助会审批，被确认是贫苦人士后，农业辅助会会向他们提供一头母猪和所需饲

嘉道理农业辅助会资助兴建的莲麻坑猪舍

料，并会协助村民对母猪进行配种，以求进一步增产。

当时有40多户莲麻坑村民向农业辅助会申请援助，结果全数获批（部分获赠予鸡只）。这项资助持续至20世纪60年代终止，使部分村民生活好转，部分村民离开莲麻坑前往英国谋生。

20世纪70年代末，养鸡业逐渐衰退，猪只的价格逐步攀升，村内部分养鸡场转型为养猪场。

莲麻坑最具规模的养猪场由叶送经营。他将原有的养鸡场改建成养猪场后，饲养200～300头猪。经当时村长叶胜提议，嘉道理农业辅助会将已经荒废的养猪场转让叶送经营，解决了运送猪只和饲料不便的问题，促进了猪场的发展。

莲麻坑的养猪场最初只饲养母猪和乳猪，村民从嘉道理农场购入优良品种的母猪后，会从配种公司找来名种公猪配种。母猪一胎可生20只小猪，村民将小猪养育至15千克左右，作为乳猪出售。后来猪场规模扩大，村民开始饲养公猪，实现自行配种，拥有一个较为完善的生产链。

1987年10月，香港政府实施禽畜废物管制计划，对禽畜饲养业有严格的规管。例如要求养猪场兴建化粪池，令经营难度增加、成本大增。受新政策的影响，莲麻坑的养猪场选择结束运作，并向政府交回牌照。

养鱼 旧时，莲麻坑“风水塘”是一个鱼塘，饲养可供食用的淡水鱼类，品种包括鲤鱼、鲩鱼、大红鱼、鳊鱼、鲮鱼等，土生的塘鲺亦颇为常见。每年初春，村民将鱼苗放入“风水塘”中，然后用收集来的烂菜、鸡粪等作饲料喂鱼。每年10月，村民会将

嘉道理农业辅助会（KAAA）在莲麻坑的办事处遗址（2017年）

塘水抽干，围网收成，每年可得1000～2000条鱼。

莲麻坑“风水塘”的淡水鱼，最初由村民集体养殖。全村出资购买鱼苗、饲料，年底集体分享鱼获所得，并刮走肥沃的塘泥供村民作肥料之用。战后，“风水塘”养鱼的模式逐渐改为投标制。中标村民在初春放鱼，10月清塘。20世纪60年代，在“风水塘”投标养鱼，需要出资100多元，叶胜、叶吉孚等村民都曾参与，渔获以及“风水塘”的塘泥都可贩卖获利。

获利后，村长叶胜曾在横沥建立4个鱼塘，养殖鳊鱼、鲩鱼等，但并未发展起来。

自20世纪50年代开始，嘉道理农业辅助会从多方面协助莲麻坑村民，发展莲麻坑的农业、禽畜饲养业。嘉道理农业辅助会成立于1951年9月28日，主要是以“助人自助”的方式，促进农业发展和协助贫苦无依的乡民。嘉道理农业辅助会引入优质的黑毛猪种，为莲麻坑村民饲养的猪配种，使产量得以提升。当莲麻坑的禽畜生病，农业辅助会会派遣工作人员，前往莲麻坑为村民的禽畜诊症，并提供适当的药物和疫苗。

除养鸡、养猪以外，20世纪70年代莲麻坑村民叶胜、叶观皇等亦曾饲养白鸽。当时白鸽销路极佳，酒家不管多少全部收购。

墟市　莲麻坑附近有 4 个墟市（包括战后建墟的联和墟），都有各自的墟期。在农业社会时期，每当村民需买卖农产品或粮油杂货，会在特定的日子到墟市趁墟，类似北方的“赶集”，客家人称之为“投墟”。

传统墟市会在约定俗成的墟期开市，可分“一、四、七”“二、五、八”“三、六、九”3 种模式。以上水石湖墟的墟期为例，石湖墟在“一、四、七”开市，意即石湖墟逢每月农历“初一、初四、初七”“十一、十四、十七”“廿一、廿四、廿七”都会开市。联和墟、深圳墟在“二、五、八”开市，沙头角墟“三、六、九”开市。若村民要到石湖墟进行买卖，可在上述日子“投墟”，这种情况持续至 20 世纪 60 年代初。

1949 年以前，莲麻坑村民最常前往沙头角墟“投墟”。沙头角东和墟由沙头角十约各村落合力建成。相传沙头角东和墟建墟之时，作为沙头角十约的一员，莲麻坑曾为建墟出钱出力。部分莲麻坑村民曾在沙头角墟开设店铺，莲麻坑村民亦曾出任东和墟商会会长。沙头角墟是最接近莲麻坑的墟市，从莲麻坑沿着深圳河南岸的古道（即后来的莲麻坑路）东行，途经伯公坳，然后可抵达沙头角墟。

1964 年上水石湖墟重建新市落成典礼纪念牌坊

连接莲麻坑和坪輋的竹山坳石砌古道（2011年）

深圳墟是另一个莲麻坑村民经常“投墟”的墟市。莲麻坑村民昔日会跨越深圳河上的长命桥，经过长岭、莲塘、黄贝岭等地，就能抵达深圳墟。英国租借新界后，最初仍准深圳河两岸居民照常行走，莲麻坑村民会跨越界线，前往位于内地的深圳墟。

1949年，香港政府封锁边境，莲麻坑村民无法前往深圳墟投墟，沙头角墟因失去内地的客源和货物而不再繁荣，上水石湖墟便取代沙头角墟和深圳墟，成为莲麻坑村民最常前往的墟市。从莲麻坑出发，经过村内的古桥和叶定仕故居，再经竹山坳石砌的古道，翻越禾径山，经过坪輋、军地、小坑村，可抵达石湖墟。

联和墟1951年后建墟。联和墟的前身是一个“天光墟”[①]，已有不少摊贩在空地上摆卖。当时尚未有“联和墟”之名，村民会说是去“粉岭”买东西。联和墟的规模较小，货物种类比石湖墟少，是一个农产品集散地，莲麻坑村民会到此购买种子、鸡苗。联和墟建墟之时，莲麻坑各祖堂曾出钱出力，村民叶毓棠曾任联和墟发展公司的理事。莲麻坑村民经竹山坳古道翻越禾径山，抵达坪輋后，前往孔岭，再沿沙头角公路可到达联和墟。

2009年，警方以安全理由封闭莲麻坑路，莲麻坑村民不可再经莲麻坑路徒步前往沙头角墟。

① 天光墟，指每天清晨或半夜开市，天亮打烊的墟市。

莲麻坑矿场

莲麻坑矿场位于深港边境的鹿湖山，临近深圳河上游，距莲麻坑村不到2000米，被村民称为“矿山”。

矿产发现 莲麻坑矿山的岩石是酸性火山岩，呈暗绿色，主要由绿泥石、黑云母、绢云母、阳起石和石英组成。其矿石由方铅矿和闪锌矿呈浸染状产出于火山岩的断裂带中，同时伴生黄铁矿和少量黄铜矿及磁黄铁矿，矿石中常含银和微量的金。方铅矿和闪锌矿是提炼铅和锌最重要的矿石。

19世纪初，莲麻坑矿场已有采矿活动。由于当时在莲麻坑矿场采矿的是葡萄牙人，他们发掘的矿道因此被称为“葡萄牙矿道”。①

莲麻坑矿山的矿石

据香港历史档案馆藏的《沙头角地区探矿与采矿牌照》记录，1913年7月，遮打爵士（Sir Catchick Paul Chater）向香港政府申请探矿牌照。遮打爵士申请的探矿牌照最初只包括石灰石、黄金和煤矿，并不包括铅矿。同年10月，遮打爵士要求在探矿牌照中加入铅、银和铜矿。1915年，一名当地华籍矿工在找寻石灰石时无意中发现了莲麻坑矿场的矿脉，这名矿工名叫张发（Cheong Far，音译）。

法国神父罗拔（Ober）调研过莲麻坑的矿石后，发现当中的铅矿质量优良，熔化后有60%～70%为精铅。1916年8月9日，罗拔与旗昌洋行成立中国矿业冶炼公司，并于1918年8月28日获香港政府批出莲麻坑矿业地段3号的采矿租约。获批土地面积150.14英亩（约911.39亩），租期75年，可开采的矿物包括石灰、铅、煤、银、铜和黄金。

当时的莲麻坑是一个较为贫困、缺乏发展的地方，莲麻坑矿场的出现引起了理民府官员的注意。但中国矿业冶炼公司只运作了3年，于1922年1月6日解散。

① 威廉斯：《莲麻坑铅矿场的故事》，载于《香港地质学会通讯》，1991年第九卷第四期。

当时莲麻坑矿场主要面对两大问题：第一，冬季取水困难，对矿山的运作造成障碍；第二，铅价下滑，每吨铅仅值 9 英镑，使该公司无利可图，矿场不得已而停业。由于中国矿业冶炼公司没有缴纳地租，加上矿场已停止运作，香港政府于 1923 年 4 月 26 日宣布收回莲麻坑矿业地段 3 号的采矿租约。

矿场开发 1924 年 9 月 20 日，容觐彤致函香港政府，申请于莲麻坑矿场采矿。香港政府于 1924 年 12 月 2 日委托威廉博士（Dr. William）考察莲麻坑矿场，征询意见后，决定批准该项申请。容觐彤是“中国留学生之父”容闳的长子，毕业于美国耶鲁大学和哥伦比亚大学，是一位矿业工程师。他在 1921 年曾被孙中山任命为内务部技士，并在同年以英文起草《中国矿业条例草案》。

容觐彤打算投资 5 万元开发莲麻坑矿场。1925 年 6 月 23 日，他获得香港政府重新批出莲麻坑矿业地段 3 号的采矿租约，生效日期追溯至 1922 年 7 月 12 日。获批的土地面积与中国矿业冶炼公司的采矿租约相同，租期也是 75 年。

在容觐彤的经营下，莲麻坑矿场取得稳定的发展。他在莲麻坑矿场建造了 6 条矿道，总长约 2100 米。1927 年，莲麻坑矿场每个月生产 1500 袋矿石，每袋重约 24 千克，由九广铁路运送至九龙，然后销往海外。1933 年 9 月，容觐彤去世后，莲麻坑矿场由一间华资公司短暂经营。

2015 年 4 月 12 日，容觐彤之子容永成（前排左一）在莲麻坑村公所听取年长村民介绍他们当年在莲麻坑矿场工作的经历

林馬坑鉛銀蘊藏豐富
商人合資二百萬元開採
鑛藏發現遠在二十年前
鉛價低跌前人無利可獲
新公司規模宏大極有把握

年來本港頗注意於自足政策，除對海之實業日趨蓬勃外，對於世界之農品亦極注意於改良，最近且有人組織公司，以開發林馬坑之銀鉛鑛，籌備已趨成熟，大抵月底即可公開招股，該公司定名爲香港鑛務有限公司，將定資本二百萬元，分爲二千萬股，每股一角，

歷史長遠 查新界林馬坑銀鉛鑛蘊藏極富，該鑛之發現遠在二十年前，其時有法國神父名羅拔者調查結果，果悉此鑛優美，後由旗昌洋行之股東合資開採，成績頗不弱，熔化所得，有百分之六十至七十爲淨鉛，每日所得爲二十担左右，後此鑛轉手於已故之著名華人鑛務工程師楊君所採，但不久亦停業，

失敗原因 查其失敗原因有二，一爲取水困難，二爲適值鉛價低跌，前者對于工程大爲窒碍，後者則當時鉛價每噸僅值九鎊，但現在經營中之新公司，對於取水困難，既已解決，而鉛價每噸現竟值十八鎊十先令，與前實有霄壤之別，

初步規模 查該公司擬建一足容鑛五十噸之爐一座，如成績優良，年內可擴充至一百噸之容量，預定經營之初年，將僱用歐人七名，及苦力約五百名，至交通方面，則擬由林馬坑鑛場自築一支線直達上水公路，共路程約七英里，出產一抵上水，即可以火車運儎來港，故殊爲利便，

成功可卜 現下該公司創辦人，已派出工程師視察一切，一俟調查竣事，詳具報告後，即可着手興工，查該場已有舊鑛約六百餘尺，以現在鉛價而論，即照舊規模開採，已無虧蝕之虞，但聞該公司仍不以此爲滿足，將再行濬深，故預料前途必甚發達也，

1936 年 10 月 25 日《工商日报》报道商人合资 200 万港元开采莲麻坑矿场（当时报人将莲麻坑误写为“林马坑”）

矿场发展 1936 年 11 月 18 日，香港矿业公司正式成立。香港矿业公司成立后，随即着手于购买莲麻坑矿场的拥有权和开采权。据 1936 年 10 月 25 日的《工商日报》，香港矿业公司集资 200 万元，计划兴建一座每天可处理 50 吨矿砂的磨坊，并打算雇用约 500 名矿工。为方便使用九广铁路将矿产运至香港，该公司计划建一条长约 7 英里（约 11.27 千米）的道路，以便由莲麻坑矿场直达上水。

自 1937 年 1 月起，香港矿业公司由一间总部设在菲律宾的美资公司尼路臣公司接手管理。该公司成立了一支由 8 名外国人组成的矿务专才团队，由该公司的总经理、首席工程师乔治·史考尼领导。随着莲麻坑矿场的原有股东将他们的股份售予香港矿业公司，香港矿业公司于 1937 年 3 月 18 日正式承接原有的采矿租约。①

1937 年 10 月，矿场的磨坊建成，最初每日只能处理 150 吨矿石，后扩充至每日处理 225 吨。矿场陆续建成一座 575 匹马力的发电厂、办事处、矿工宿舍、诊所等配套设施。

1938 年 1 月，矿场处理 3448 吨矿砂，生产 387.6 吨铅砂，平均每吨铅砂内含有铅 69.25%、银 17.21 盎司和金 0.02 盎司。1939 年 11 月，矿场处理 3751 吨矿砂，生产

① 威廉斯：《莲麻坑铅矿场的故事》，载于《香港地质学会通讯》，1991 年第九卷第四期。

374.51 吨铅砂，平均每吨铅砂内含有铅 67.98%、银 15.31 盎司和金 0.03 盎司。香港大学教授戴维斯（S.G. Davis）得出战前莲麻坑矿场的生产数据如下：

战前莲麻坑矿场年生产数据统计表

表 6

年份	精铅（吨）	银（盎司）	金（盎司）
1915	100	—	—
1927	450	—	—
1936	3600	84000	150
1937	3200	72000	—
1938	3000	70000	—
1939	3000	67000	—

随着莲麻坑矿场的发展，矿场雇用的矿工数量不断增加。莲麻坑矿场内的矿工分三班工作，每班工作 8 小时，使莲麻坑矿场可以不分昼夜地进行开采。1938 年年初，莲麻坑矿场聘用了 500 名矿工，其中 350 名在地下工作，150 名在地面工作。1939 年 3 月，莲麻坑矿场雇用矿工 1000 人。1939 年 10 月，矿场内的矿工达 2000 人，其中包括当地人、客家人和山东人。

莲麻坑矿场聘用大量的劳动力，舒缓了当时香港面对的失业问题。矿山的兴旺，亦使莲麻坑村受惠。在 20 世纪 30 年代，莲麻坑风水塘旁边设有很多店铺，杂货店、面店、粥店和茶楼等一应俱全。

20 世纪 50 年代，工人在莲麻坑矿洞内打孔准备炸开岩石

结束运作　据威廉斯所写《莲麻坑铅矿场的故事》记录，第二次世界大战爆发后，航运变得困难，铅矿石无法运往内地，加上香港政府在 1940 年征用香港矿业公司的采矿设备建设防空洞，都对莲麻坑矿场造成直接的负面影响。1941 年，莲麻坑矿场仍每天处理 100 吨矿砂。1941 年年底，日军进攻香港，对莲麻坑矿场造成更重大的打击。

日军占领香港后，自 1942 年起继续开采矿石。1946 年 10 月，香港矿业公司总经理乔治·史考尼在一份报告中指出，战时日本人在莲麻坑矿场共开采了 2 万～ 3 万吨矿石，多数矿石采自矿场的旧矿道和东部的矿道。由于日本人采矿时损坏了矿柱，未矗立任何支撑物，使被开采过的矿道出现大规模的塌陷。该报告同时指出，莲麻坑矿场的建筑物如宿舍、办事处、磨坊和仓库等，都遭到严重破坏。

战后莲麻坑矿场既受到禁区政策的限制，又苦于资金贫乏，内外交困之下，运作变得十分原始。1953 年，莲麻坑矿场的员工只剩 22 人，且没有安装磨坊，筛选矿砂的工序完全依赖人工。1953 年 12 月，香港矿业公司主席尼路臣（Nielson）曾视察莲麻坑矿场，事后曾撰写一份报告，显示他对矿场的运作状况极为失望，并点出莲麻坑矿场在运作上的种种问题。

附：1949—1956 年的莲麻坑铅矿场

英国重占香港时，莲麻坑矿场满目疮痍，建筑物及采矿设备皆遭受严重破坏。乔治·史考尼的报告中指出莲麻坑矿场的矿藏状况依然良好，但由于香港矿业公司的财政状况变得脆弱，他建议香港矿业公司寻求与其他公司合作，以便重新运作。香港矿业公司曾经尝试招揽一些美资公司前来投资，但未能成功，莲麻坑矿场一直处于停运状态。

1949 年，因应英国本土铅材短缺，香港政府决定资助莲麻坑矿场复工。1949 年 6 月 23 日，香港政府致信香港矿业公司，要求恢复莲麻坑矿场运作，否则政府将会收回土地。1950 年 1 月，香港矿业公司重开矿场，而新界政务司亦于 1951 年 4 月报告指莲麻坑矿场即将重新运作。1951 年 9 月，香港政府与香港矿业公司订立新的契约，莲麻坑矿场自 1951 年 11 月起正式恢复生产。

当时，中国内地已经解放，香港政府亦设立了边境禁区，莲麻坑矿场处于禁区之中。1951 年 9 月香港政府与香港矿业公司订立新的契约时，对莲麻坑矿场有诸多限制：1. 在职矿工不可多于100名；2. 每名矿工需要由新界住户担保；3. 不可以24小时工作；4. 矿场内的建筑物须有充足的安全措施，防止有人闯进。

莲麻坑矿场重新运作后，又出现矿工在边界路上被人从深圳边界投掷石头的事件。基于保安理由，政府又规定莲麻坑矿场需要兴建新的道路连接莲麻坑村、每天经过边界路到达矿场的车辆数字不可多于10架次、不可以使用大型的“美国车辆”接近中方边界。新路于1953年2月建成后，政府于1953年3月批准矿场重新运作，但只允许在上层矿洞采矿。

香港矿业公司在战后最初以合约的形式，将莲麻坑矿场批租予不同的承办商开采。尼路臣视察矿场之后，香港矿业公司在与承办商的合约完结后，改回由该公司直接进行开采工作。

1954年9月，香港矿业公司重新接管莲麻坑矿场，却遇上天灾人祸的打击。该公司开始直接从莲麻坑村聘请矿工，最初聘用了24名，到1955年4月增加至44名，像是有一定的进展。但是，莲麻坑矿场在1955年7月和1956年7月发生了两次工潮，使矿场的运作大受影响。同时，1956年6月13日的一场台风，又为莲麻坑矿场带来一定的损失。最后，国际铅价的下跌更对莲麻坑矿场造成致命的打击。

1951—1962年莲麻坑矿场的产量及国际铅价统计表

表7

年份	铅产量（吨）	国际铅价（港元/吨）
1951	176	—
1952	752	—
1953	632	1560
1954	368	1560
1955	400	1810
1956	199	1940
1957	194	1530
1958	36	1100
1959	—	1150
1960	—	1100
1961	—	980
1962	—	910

说明：资料来源于威廉斯的《莲麻坑铅矿场的故事》，载于《香港地质学会通讯》，1991年第九卷第四期

莲麻坑矿洞内一景（2013 年）

1951 年，莲麻坑矿场已失去大部分机器，以原始方法小规模开采铅矿，因国际铅价高，矿场仍能维持运作。朝鲜战争结束后，国际铅价不断下跌，香港矿业公司于 1958 年 6 月 30 日停工。该公司曾经尝试邀请其他人投资矿场，结果无功而还。纵使香港政府曾警告香港矿业公司，勒令莲麻坑矿场复工，但香港矿业公司实在无能为力。结果，香港政府在 1962 年 4 月 13 日宣布提早收回莲麻坑矿场，莲麻坑矿场自此荒废。

矿场遗址 莲麻坑矿场的矿洞由大小不同的水平巷道和洞穴组成，有 5 ～ 6 个洞穴入口分布在接近边界路的鹿湖山上。最低的一号矿洞在 19 世纪初已经发掘，入口在边界路旁，20 世纪 50 年代因安全问题被香港政府禁止开采，并用砖石封闭洞口。最大的矿场是六号矿洞，由 3 个 6 ～ 8 米的高洞口连接而成，里面四通八达。

莲麻坑矿洞（2013 年）

莲麻坑矿山上层的矿洞

莲麻坑矿山选矿厂厂房遗址（2011年）

莲麻坑矿山选矿厂的“尾矿”遗址（2011年）

莲麻坑矿场目前尚存矿洞、矿道、气井、滑道、矿场写字楼、选矿厂、蚝壳山等遗迹。矿场荒废以后，独特的环境吸引蝙蝠到此栖身，矿场遗址因此于1994年被列为“具特殊科学价值地点”。

崇文宣武

莲麻坑村民将客家人崇文宣武的精神发扬光大。清乾隆年间（1736—1795），叶氏族人已在村内开办培文堂书塾。1959年海内外乡亲争相捐款捐地重修村校敬修学校的盛况，以及叶文兴医生设立助学金的义举，皆体现出客家人对教育的重视。武术、体育方面，1974年全港搏击比赛中量级冠军叶玉安和香港足球运动员叶鸿辉都出自莲麻坑。

文风昌盛

自古以来，客家人就有传统的士大夫观念。为追求功名利禄，提高家族的社会地位，他们十分重视对子孙后辈的教育培养。

清康熙七年（1669），新安县复界，其时地广人稀，朝廷鼓励客家人承垦军田。康熙五十五年（1716），新安县开设军籍文、武学额各 2 名，专供军籍（客籍）子弟考取生员。

清雍正十三年（1735），朝廷裁并军籍学额，实行军民同考。此后，当地村落与客籍村落就学额一事屡兴词讼。莲麻坑联同其他新安县客籍村落，为争取加设客籍生员名额四处奔波。①

清嘉庆七年（1802），清政府终于同意在广州府学增设客籍生员名额，岁试取文武生员各 2 名，科试取文生员 2 名。

清道光九年（1829），新安县客籍村落计划在广州建立“同德试馆”，作为该县客籍生员的考生旅舍。莲麻坑村民叶应材、叶应从积极参与其中，为旅馆的统筹和设计出一分力。

叶廷扬在清乾隆十九年（1754）前已通过科举考试，考获武生员名额。叶重华、叶成章、叶琼花分别于嘉庆十七年（1812）、道光六年（1826）、道光九年（1829）考获文生员名额。

莲麻坑文风颇盛，相传在清末时期，村内同时出了 9 位秀才。秀才们在祠堂用餐时，因叶氏宗祠内的饭桌为“八仙枱”，仅能容下 8 人就座，9 位秀才中辈分最低的一位，负责斟茶递水、上饭上菜等。

在莲麻坑的叶氏宗祠和刘氏宗祠内，悬挂着族人的功名牌匾，借以光耀门楣，表扬族人登科的成就。

村公所内悬有“金榜题名”牌，凡考取学士以上资历的莲麻坑村民，均可在牌上刻名。“金榜题名”牌记录 100 余名学士及以上学历的村民姓名、学科名称，表扬村中的杰出子弟。

---

① 引自卜永坚：《史料介绍——〈新安客籍例案录〉》，原载《田野与文献：华南研究数据中心通讯》第五十八期。

莲麻坑村内的功名牌匾列表

表 8

年份	族人姓名	匾额
清道光二十四年（1844）	叶英华	明经进士
清同治七年（1868）	叶锦标	御前侍卫
清光绪元年（1875）	叶首第	武魁
清光绪二年（1876）	刘腾骧	武魁

敬修家塾　莲麻坑最早的学校是叶廷显祖一房于清乾隆年间在聚居地水芋田创办的培文堂书塾，供该房儿童读书。

据敬修公立学校建校委员会主编的《敬修公立学校建校特刊》记录，清同治四年（1865），鉴于村中其他子弟无学习场所，多借用祠堂附近的民居上课，叶氏家族决定由“四于堂”出资，在村中建立“敬修家塾”，供村内所有儿童读书。

敬修家塾位于今莲麻坑村村公所背后的山岗沙吓处，是一栋两进式建筑。中间是庭院，正厅及左右两旁的耳房为教室。另有校长室、教员室、宿舍、厨房等建筑。

“敬修”二字取“敬德修业”之意，是对莲麻坑子弟的期许。敬修家塾由叶氏家族建立，叶氏子弟在家塾就学可免交学费，每学期只需缴纳柴草，供居住其中的塾师们烧水、做饭用。敬修家塾为全村各姓村民子弟开放，居于深圳河以北的迳肚刘氏族人亦会前往就学。

村公所内的“金榜题名”牌

重修后的培文堂门楼，清乾隆年间，莲麻坑最早的学校培文书塾曾在这里开办（2014 年）

敬修家塾肇建之初，是一间传统的“卜卜斋”[①]，教授启蒙识字课本内容，以及中国经史古文。目的是为学生提供启蒙教育，训练学生应考童试，入读官学，开启科举之门。

随着清政府废除科举、倡办新学，传统私塾的课程开始增添诸如尺牍、珠算等实用知识。席卷全国的新文化运动以及香港政府津贴办学的政策，均对敬修家塾的课程产生了一定的影响。

敬修学校　敬修家塾经历数十载风雨侵蚀，校舍日渐陈旧，有坍塌的危险。1921 年，村民叶蔼庭、叶定隆、叶定铨、叶吉梅发动筹款，重修家塾。敬修家塾顺利完成修葺，于 1922 年元宵节举行隆重的开幕礼。同年，敬修家塾获得香港政府教育局津贴，“敬修家塾”更名为“敬修学校”，莲麻坑所有子弟自此获得免费的启蒙教育。

敬修学校建校特刊

日占时期，敬修学校受战争影响停止运作。抗日战争胜利后，敬修学校重获香港政府津贴办学。1949—1952 年，敬修学校有学生 30 ~ 40 人。1957—1959 年，敬修学校有学生 100 人，一间课室要同时供 3 个不同级别的学生上课。课室曾出现有桌无椅的景况，学生需要由家中携带椅子上课。

1959 年以前的敬修学校旧校

① 粤方言，即私塾。

1959 年叶开元从松树繁茂的水口山眺望莲麻坑村。图中可见莲麻坑沙下和刚建成的敬修新校

适逢香港政府宣布“小学扩展的七年计划”，锐意发展新界小学教育，补贴乡村筹建新型校舍，村民发动兴建敬修学校新校舍。1957 年 5 月 14 日，莲麻坑村召开村民大会商讨建校事宜，制订建校纲要。会后决议组织敬修公立学校建校委员会，推选叶定铣任主席、叶定镜任副主席，建校事务遂得以展开。

村内每家每户以及海外的莲麻坑乡亲，都曾为建校事宜出钱出力。村民决定，莲麻坑叶氏廷字辈的尝产，须按年终收入总值捐出 50%，开字辈至昌字辈捐出 25%。莲麻坑

1959 年，敬修学校建校委员会成员在新校工地合影。后排左起为叶金、叶吉松、叶祥霖、叶定铣、叶吉铭、叶光湖、叶吉甫、叶吉涛。前排左起为王玉钧校长、叶开元老师

1959 年敬修学校新校落成后不久，该校教师在校园合影

村农户，除孤苦人士，均按种田多寡，每斗种捐出干谷约 24 千克（田主佃农各占一半）；未从事耕作的家庭，按家境捐出 10 元或 15 元。

敬修学校新址选在莲麻坑村龙颈一地后方果园，1/3 的土地由村民捐出。为节省建校开支，莲麻坑村民披荆斩棘、兴工平土，将敬修学校地基打造完成，再交由建筑公司兴建校舍。

建校工程于 1959 年 7 月完成，敬修学校新校于同年 8 月正式启用。因叶定铣、叶毓棠为兴建新校捐款最多、出力最大，学校的 2 间课室因此被命名为定铣室和毓棠室。新校校舍有 4 间课室，有广阔的运动场地，环境优美。

20 世纪 60 年代是敬修学校鼎盛时期。当时有相当多的村民居于莲麻坑，村民子弟都会选择在敬修学校上课。邻近的香园围、新桂田等村落的子弟亦被敬修学校吸引，前往莲麻坑就学，敬修学校每一间课室都坐有五六十个学生。

敬修学生课余打篮球

20 世纪 60 年代，敬修学校学生在操场集合

敬修学校师生参观虎豹别墅

20 世纪 60 年代，天真活泼的敬修学校学生

1960 年敬修学校全体师生及校董

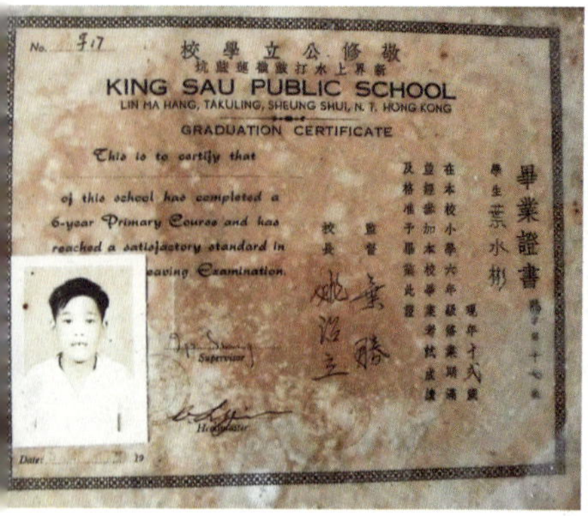

No. 517

敬修公立學校

新界上水打鼓嶺蓮麻坑

KING SAU PUBLIC SCHOOL

LIN MA HANG, TAKULING, SHEUNG SHUI, N. T. HONG KONG

GRADUATION CERTIFICATE

This is to certify that

of this school has completed a 6-year Primary Course and has reached a satisfactory standard in ... Leaving Examination.

Supervisor

Headmaster

Date: 19

畢業證書

學生 葉水彬 現年十六歲

在本校小學六年級修業期滿

並經參加本校畢業考試成績

及格准予畢業此證

監督 葉勝

校長 姚滔主

1970 年敬修学校毕业证

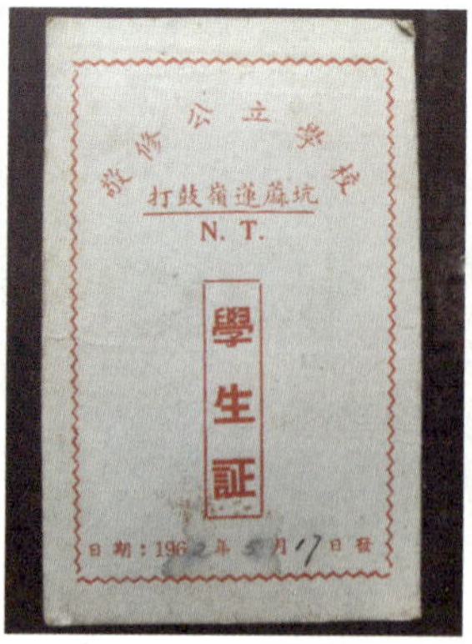

敬修公立學校

蓮麻坑打鼓嶺

N. T.

學生証

日期：196 年 月 日發

1962 年敬修学校学生证

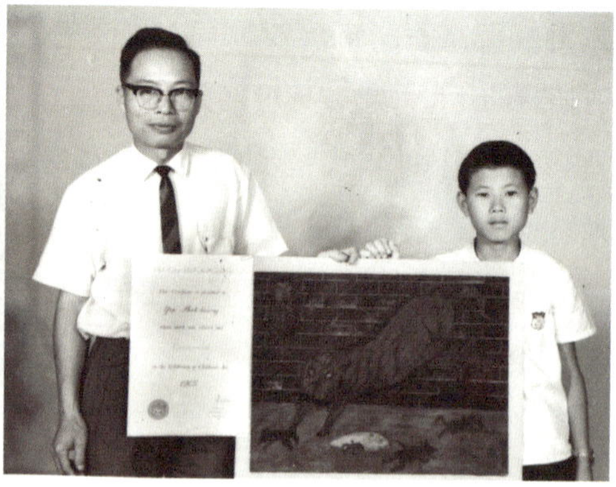

敬修学校学生叶硕强的作品在香港大会堂举办的少年美术展中获奖。图为他获奖后与叶开元老师（左）合影

20 世纪 60 年代，敬修学校学生使用的课本和笔记簿（叶伟彰博士收藏）

莲麻坑敬修公立学校旧址（2011 年）

随着莲麻坑村民陆续移民海外，敬修学校的学生人数不断下降。1983 年，当时的敬修学校仅剩 3 名学生，倘若无法招收新生，敬修学校就要被迫关闭。幸得当时的校监叶胜和校长谢卓言努力坚持，积极吸引学生报读，敬修学校得以挨过一段极为艰难的日子。20 世纪 90 年代，新到港学童、跨境学童数字不断攀升，北区大部分学校无力容纳这批学生，敬修学校于是肩负起教育这些学童的重任。敬修学校的学生人数恢复至 100 余人。

2003 年，香港教育统筹局颁布《统整成本高及使用率低的小学》文件，敬修学校因属采用复式教学的乡村学校，被当局勒令停止招收新生。2009 年，敬修学校完成历史使命，校舍闲置至今。

叶文兴医生助学金 2013 年，莲麻坑海外联谊会成立叶文兴医生助学金，鼓励并资助莲麻坑原居民子弟就读香港及海外专上学院及大学的全日制课程。

叶文兴医生助学金受惠者情况表

表 9

2013—2014 年度叶文兴医生助学金受益人	
叶兆雄	英国西英格兰大学（University of West England）
叶卓贤	英国肯特大学（University of Kent）
叶嘉仪	英国布里斯托尔大学（University of Bristol）
叶丽盈	澳洲蒙纳许大学（Monash University）
叶梓琪	英国曼彻斯特都会大学（Manchester Metropolitan University）
叶泽恩	英国曼彻斯特大学（University of Manchester）
2014—2015 年度叶文兴医生助学金受益人	
叶峤升	香港科技大学（Hong Kong University of Science & Technology）
叶卓贤	英国肯特大学（University of Kent）
叶嘉仪	英国布里斯托尔大学（University of Bristol）
叶柏欣	爱尔兰都柏林大学圣三一学院（Trinity College, Dublin）
邝蔼怡	英国纽卡素大学（Newcastle University）
叶泽恩	英国曼彻斯特大学（University of Manchester）
黄锡添	英国曼彻斯特都会大学（Manchester Metropolitan University）
叶钦怡	马来西亚沙巴大学（University of Malaysia Sabah）
张殷铭	台湾实践大学（Taiwan Shih Chien University）

续表 9

2015—2016 年度叶文兴医生助学金受益人	
叶峤升	香港科技大学（Hong Kong University of Science & Technology）
叶梓琪	英国曼彻斯特都会大学（Manchester Metropolitan University）
叶柏欣	爱尔兰都柏林大学圣三一学院（Trinity College, Dublin）
邝蔼怡	英国纽卡索大学（Newcastle University）
叶家成	英国艾塞克斯大学（University of Essex）
曾敏婷	英国基尔大学（Keele University）
谭悦莜	香港专上学院（Hong Kong Community College）
2016—2017 年度叶文兴医生助学金受益人	
叶梓豪	英国诺丁汉特伦特大学（Nottingham Trent University）
叶峤升	香港科技大学（Hong Kong University of Science & Technology）
伍洁雯	苏格兰邓迪大学（University of Dundee）
叶梓恩	英国中柴郡学院（Mid Cheshire College）
叶柏欣	爱尔兰都柏林大学圣三一学院（Trinity College, Dublin）
邝蔼怡	英国纽卡索大学（Newcastle University）
邝蔼恩	英国东英吉利亚大学（University of East Anglia）
叶家成	英国艾塞克斯大学（University of Essex）
曾敏婷	英国基尔大学（Keele University）
叶家敏	香港科技专上书院（Hong Kong Institute of Technology）
谭悦莜	香港教育大学（The Education University of Hong Kong）
陈祖儿	英国莱斯特大学（University of Leicester）
叶乐心	香港树仁大学（Shue Yan University）
叶绮雯	英国伍斯特大学（University of Worcester）

叶文兴医生助学金设有遴选委员会，每年定出该年度助学金总额，由该年度成功申请者平均摊分，每人每年的助学金以 2000 英镑或 20000 港元为上限，获资助者可同时享受获得的其他奖学金或助学金。2015 年 3 月 2 日，“莲麻坑医生基金会”按社团条例注册成立。至 2017 年，该助学金已四度颁发，总额 28 万英镑及 30.8 万港元，受益学子 23 人。

20 世纪 70 年代，莲麻坑体育会成员合影

◉ 体育健身

武术 20 世纪 70 年代，莲麻坑村村长叶胜邀请龙形派师父邹福到莲麻坑开班授徒，让年轻人学习功夫，强身健体。

据村民叶玉安口述，邹福师傅是广东花县人，师承白眉派宗师张礼泉和龙形派宗师林耀桂，兼通两派拳术，在上水设有邹福健身院。应村长叶胜邀请，邹福在每周一、三、五前往莲麻坑，教授龙形拳术和舞狮、舞麒麟等技艺，莲麻坑年轻人纷纷拜邹福为师。

1972 年，叶胜正式向政府申请注册登记创办莲麻坑体育会。莲麻坑体育会组织的舞狮队，每年春节都会到沙头角地区的村落拜年，逢有喜事和节庆时也会到场舞狮助庆。

20 世纪 70 年代，莲麻坑村民在村中练武

1974 年，叶玉安（右三）获得香港国术总会搏击分组赛中量级冠军后，与师傅邹福（右二）等合影留念

经邹福的细心教导，村民叶玉安的功夫技艺日渐长进，于 1974 年获推荐参加香港国术总会举办的搏击比赛，并获分组赛中量级冠军。20 世纪 80 年代，村内的年轻人寥寥无几，习武的风潮告一段落。

足球 20 世纪初期，香港的足球运动已有发展。1914 年，香港的第一支华人足球队成立。1912—1927 年，中国足球队清一色由香港华人球员组成。著名的中国球王李惠堂曾效力过香港球会南华足球队。此后，香港球坛人才辈出，张子岱、仇志强等球员家喻户晓，带动了香港社会的足球发展。

二十世纪五六十年代，莲麻坑村民热衷于足球运动，村中曾同时有 5 ~ 6 支足球队。在敬修学校新校的足球场落成之前，村民会在龙颈径踢足球，有时驻守麦景陶碉堡的英

莲麻坑村的足球队（20 世纪 70 年代）

叶鸿辉代表香港球会东方队赢得香港足球总会银牌赛高级组银牌锦标

军也会参与。莲麻坑村民有时会以敬修学校足球队的名义，到打鼓岭和沙头角各村，与岭英学校、浸会园等球队进行足球比赛。

莲麻坑村民叶鸿辉是杰出的足球运动员。2009 年，19 岁的叶鸿辉入选香港足球总会的香港代表队，代表香港参加东亚运动会，并以出色的表现协助香港队赢得金牌。

2017 年 3 月 30 日，叶鸿辉（左三）与村民在莲麻坑村公所前合影留念

海外乡亲

莲麻坑村民传承客家人勇闯天下的传统，他们的创业足迹遍及巴拿马、牙买加、泰国、马来西亚、英国等国家。许多人取得了骄人的成就，叶定仕、叶剑桥等成为侨居国侨领。黄叶莉薇热心在华人中推动中文教育和推广中国文化，获英国首相府嘉奖。

2013 年，莲麻坑旅居马来西亚的华侨叶瑞光及其夫人洪丽丽在莲麻坑祖屋前合影

莲麻坑村民世代务农，过着日出而作、日入而息的传统农耕生活。农民劳碌半生，很多时候仅能勉强满足温饱。

自鸦片战争开始，清政府在对外战争中接连失利，中国的经济、社会秩序逐渐崩溃，国人生活苦不堪言。此时在世界范围，西方殖民者需要大量廉价劳动力开发美洲、澳洲等地。中国人成为洋人的招工对象，或作为“契约华工”，或被“卖猪仔”，纷纷离乡背井出洋担当苦力，从而掀起华工出国浪潮。从 19 世纪 40 年代后期起，香港成为有名的“苦力贸易中心”。1855—1867 年，从香港出洋的华人共有 147763 人。

在英国租借新界之前，已有一些年轻力壮的新界乡民离开农村，前往香港、九龙市区工作，部分人出洋打工。为赚取更多收入改善生活，不少莲麻坑村民受到当时的社会风气影响，加入苦力大军，出洋谋生的村民络绎不绝。

第二次世界大战前出洋村民

莲麻坑的土地资源十分有限，村中的人口不断增加，附近的山坡早已被开发成梯田。随着村内人口不断增加，人均耕地面积每况愈下，村民生活愈加艰苦。据《1919 年新界年度报告》记载，在北约理民府官员眼中，莲麻坑是新界其中一个最穷困的地区。他们曾期待莲麻坑矿山的开发能为莲麻坑的经济注入活力，但他们的愿景始终没有实现。

由于村内环境差强人意，莲麻坑精壮的男丁得悉某地招工的消息之后，便抱着赚钱养家的期望，毅然决定踏上征途，跨越重洋闯荡一番。

最早出洋的莲麻坑村民现已无从稽考。沙头角天后庙一个19世纪70年代铸造的香炉上，刻有侨居新金山（墨尔本）的莲麻坑村民的姓名。这显示19世纪70年代已有莲麻坑村民在海外打工，并有能力捐助家乡的公益事务。

莲麻坑村民的祖父辈，许多都曾到美洲、南洋一带工作。清末民国初，他们的足迹已经遍布巴拿马、牙买加、暹罗（今泰国）、北婆罗洲（今沙巴洲）等国家和地区。刚到异乡时，他们都过着异常贫苦的生活，只能做诸如开矿、筑路、伐木之类的苦力工作。

他们辛劳工作一段日子后，铢累寸积，开始略有积蓄，普遍会在当地经营小生意，生活渐见丰足。到迟暮之年，倘若能力和条件许可，他们普遍会返回莲麻坑安享晚年。

巴拿马华工　19世纪50年代兴建的巴拿马铁路，以及19世纪80年代开凿的巴拿马运河，动工过程中均需要庞大的劳动力，这是华人迁至巴拿马的开始。先后由法国人和美国人管理的巴拿马开河公司，均曾请求清政府准许在华招工。虽然清政府以巴拿马水土恶劣为由，三令五申表示“严禁”，但不少华工依旧踏上前往巴拿马的征途。

在莲麻坑村民经常“投墟”的沙头角东和墟，曾有不少掮客为开凿运河招工，招揽众多沙头角乡民前往巴拿马打工。据叶维里口述，其父叶定铣当年曾被“卖猪仔”到巴拿马开凿运河，他在船只泊岸时跳船逃走，登岸后购下护照在巴拿马定居，继而经营小商店致富。村民刘启谦曾以五斗种的农地作抵押，借得100元旅费前往巴拿马打工，后来赚得金钱，得以在家乡购地建屋。

牙买加华工　牙买加以产糖闻名于世，早于19世纪中叶已有聘请华工在蔗糖园工作。随着美资公司以雄厚的资本开拓和发展牙买加，华工纷纷应募前往。当时牙买加的移民政策宽松，华工登岸手续简便。为保证潜在的客源，在香港经营金山庄的人普遍愿意向贫苦乡民先行垫借旅费，完成其出国谋生的计划。

新界政务司1960年的报告提到，大量沙头角地区的客家人于20世纪初前往西印度群岛工作。据叶天养口述，其父叶定镜于20世纪初前往牙买加，正赶上那时期的华工大军。叶定镜曾在当地华侨开办的杂货店工作，积俭成财，进而经营自己的商店，最终衣锦还乡，为莲麻坑的教育事务出钱出力。

泰国[①] **华工** 从1855年至19世纪初，刚从战乱中恢复和平的泰国曾经历一个繁荣的发展时期。城市的工作和商业化的大型种植园都缺乏劳动力，曼谷的高工资吸引中国人到泰国成为种植园或大小城镇的劳工。

莲麻坑不少前往泰国打工的村民都曾在当地担任裁缝。据叶长风口述，叶定茂家族祖孙三代曾在泰国开设裁缝店，辛亥革命元老叶定仕被“卖猪仔”到泰国后，最初也是裁缝学徒。叶定茂生意渐入佳境后改为经营建筑公司，曾承办泰国政府的基建工程。叶定仕因技艺高超而获泰国皇室赏识，曾经承包泰国的军服生产，后来成为泰国侨领，获推举为同盟会泰国分会会长，积极支持孙中山先生的革命事业。自1932年起，莲麻坑村民多选择返回莲麻坑定居。

北婆罗洲华工 1882年7月1日，英国人管理的北婆罗洲公司接管北婆罗洲，需要大量劳动力开辟荒土。英国人视华人为开发北婆罗洲的主力，多在广东、福建等省招工。

北婆罗洲遍地丛林，地广人稀，土地肥沃而价格低廉，适合从事耕作。虽然早期移居北婆罗洲的莲麻坑村民以务农为主，但比起土地资源紧张的莲麻坑，在北婆罗洲至少能解决温饱问题，因此吸引不少贫苦的莲麻坑村民到当地开荒。

19世纪80年代，叶祥友的祖父前往山打根，属已知最早抵达北婆罗洲的莲麻坑村民。20世纪20—30年代，莲麻坑村民迁居北婆罗洲的风潮达到高峰。

叶威雄祖父叶林青（前中）在战前随乡亲到北婆罗洲山打根当理发师谋生，在当地落地生根

① 1939年以前泰国称为暹罗。

◉ 第二次世界大战后出洋村民

英国华侨 20 世纪 50 年代至 60 年代初，英国政府为振兴经济，采取宽松的移民政策，令英国本土成为新界原居民出洋打工新的目的地。自 20 世纪 50 年代开始，莲麻坑村民陆续前往英国谋生，至 70 年代莲麻坑村民开始举家移居英国。

据叶祥友、叶观保口述，莲麻坑村民大举移民英国，主要是因为当时不论香港市区还是新界乡郊的生活条件都很差，莲麻坑也不例外。从事耕作须看天时，收成时好时坏，赚不到多少钱。在 20 世纪 50 年代初，到香港岛当泥工，每日的工资只有 3.5 港元；在九龙尖沙咀的办馆为洋人送外卖，每月亦只有 25 港元工资。在香港工作，基本上是赚不到钱的，只足够自己吃两餐而已。因此，可以选择的话，村民都会选择去英国工作。

在 1962 年英国的移民条例实施前，莲麻坑村民只要有身在英国的亲友，请打工所在店的店主写一封担保信，信中表示要聘请他们到英国工作，村民就可以在香港办理签证，申请前往英国。

1956 年，村民叶岑生从香港乘坐“蓝烟囱”轮船，经过 42 天航程抵达巴黎，再转至伦敦。他最初在洋人经营的餐馆工作，每周能赚到 6 英镑（当时 1 英镑约为 16 港元）左右，半年后转到中国餐馆工作，每周能赚到 10 英镑。1957 年，叶观保抵达英国，也是在餐馆工作，最初一周的工资为 5 英镑。

早期前往英国的村民，要乘坐轮船，经过漫长的航程抵达英国。自 1962 年起，航空交通日渐发达，村民改乘飞机前往英国。

20 世纪 60 年代，部分莲麻坑乡亲去英国搭乘过的轮船

1965 年，莲麻坑乡亲在启德机场送叶光来（左四）、叶光荣（左三）兄弟赴英国

第一批抵达英国的莲麻坑村民安顿下来后，他们便开始协助其他村中兄弟，担保他们前往英国。叶新才和刘兴等村民通晓英语，在英国开设餐馆，有能力为村民撰写担保信。二人曾为多名莲麻坑村民作担保，助他们前往英国谋生。

据叶祥友口述，莲麻坑村民在英国普遍从事餐饮业，在当地的餐馆担任经理、厨师、侍应，条件较好的可以开设餐馆。由于英国人对广东菜式感兴趣，为刚抵达英国的华人提供了良好的发展机会。

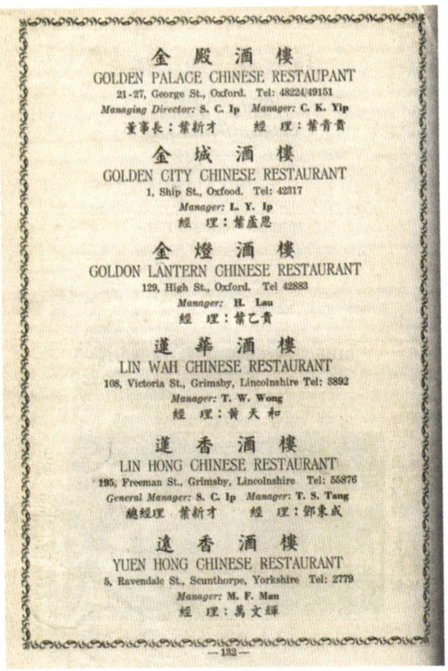

金殿酒樓
GOLDEN PALACE CHINESE RESTAUPANT
21-27, George St., Oxford. Tel: 48224/49151
Managing Director: S. C. Ip *Manager:* C. K. Yip
董事長：葉新才 經理：葉青貴

金城酒樓
GOLDEN CITY CHINESE RESTAURANT
1, Ship St., Oxfood. Tel: 42317
Manager: L. Y. Ip
經理：葉盧恩

金燈酒樓
GOLDON LANTERN CHINESE RESTAURANT
129, High St., Oxford. Tel 42883
Manager: H. Lau
經理：葉乙貴

蓮華酒樓
LIN WAH CHINESE RESTAURANT
108, Victoria St., Grimsby, Lincolnshire Tel: 3892
Manager: T. W. Wong
經理：黃天和

蓮香酒樓
LIN HONG CHINESE RESTAURANT
195, Freeman St., Grimsby, Lincolnshire Tel: 55876
General Manager: S. C. Ip *Manager:* T. S. Tang
總經理 葉新才 經理：鄧東成

遠香酒樓
YUEN HONG CHINESE RESTAURANT
5, Ravendale St., Scunthorpe, Yorkshire Tel: 2779
Manager: M. F. Man
經理：萬文輝

—132—

叶新才等在《旅英华侨年鉴》上刊登的餐饮业广告（1965 年）

敬修学校英文老师胡咏智（左）用打字机为村民写申请移民的信件

据新界政务司的年度报告显示，1959—1960 年，至少有 2150 名新界居民前往英国，当中大部分都是到英国的中式餐馆担任厨师或服务员。1960 年，英国的中式餐馆有 1000 多间，1963 年发展至 2000 多间。

莲麻坑村民在英国辛劳工作，克勤克俭，通常数年之后会略有积蓄，可以开始与其他人合股，自立门户开设餐馆。

叶新才曾在英国牛津召集莲麻坑乡亲，呼吁村民合股创办一间属于莲麻坑人的餐馆。除负责一切统筹工作外，餐馆开张后叶新才还任经理，打点餐馆大小事务，再将赚得的利润分给合股的村中兄弟。叶新才经营的餐馆曾聘用不少莲麻坑村民，并协助村民把工资存起来，当他们有一定积蓄之后，可自立门户开设外卖店。

1962 年 7 月 1 日，英国国会通过《英联邦移民法》，新界居民申请赴英变得艰难。受移民新例影响，传统餐馆面临人手不足的问题，加上激烈的竞争，华人在英国经营的传统中式餐馆在 20 世纪 60 年代末逐渐显得落伍。传统中式餐馆接二连三地倒闭，随之兴起的是家庭式经营的外卖店。

据 1965 年《旅英华桥年鉴》记录，虽然移民条例对新移民有所限制，但在家庭团聚方面的限制较少，眷属无需“劳工纸”亦可申请赴英。莲麻坑村民只需在英国居住满 5 年，就可申请入籍英国，其妻子和儿女之后亦可申请取得英籍。20 世纪 60 年代末至 70 年代初，随着愈来愈多莲麻坑村民满足入籍英国的条件，他们仍在莲麻坑的家属亦纷纷申请赴英团聚。

莲麻坑村民携同家眷移民英国后，开始经营创业成本低廉、适合家庭式经营的外卖店。外卖店“前铺后居”，即底层用来经营外卖店，上层可居住，同时满足村民谋生和

在英国做工的莲麻坑乡亲（1974年）

叶祥励在英国里兹开设的炸鱼薯条店铺（1972年）

叶祥励在泽西岛的海峡群岛开设的金宝酒楼（1977 年）

生活的需要。繁忙时段，村民会让子女帮忙。莲麻坑村民经营的外卖店都是先租下房屋，站稳阵脚后再把整栋房屋买下来当老板。

受惠于英国政府的社会福利政策，莲麻坑村民的子女取得英籍后，可在英国享受免费教育。村民的第二代努力学习，克服困难而学有所成，知识水平与第一代移民相比大大提升。莲麻坑村民的后代有较好的根基，在各自的专业领域进一步发展。

时至今日，部分旅居英国的莲麻坑村民后代选择回香港，部分则继续在海外工作，成功人士不在少数。叶剑桥在英国创办志业集团，曾任英国志业集团有限公司主席，曾获选为全英华人社团联合总会第二十二届会长。黄叶莉薇热心在华人中推动中文教育和推广中国文化，获英国首相府嘉奖，成为“每日光点奖”获奖人。叶文兴医生曾返回香港出任香港中文大学副教授，现在新加坡一家诊所担任运动与重伤骨科主任。

1987 年 11 月 18 日，叶定仕之女叶玉春（左四）参加中国驻英使馆举办的聚会

叶剑桥在英国开办的企业志业集团

叶瑞光在马来西亚开设的油棕收果站（2013 年）

马来西亚华侨 在第二次世界大战之前，山打根是北婆罗洲首府，大部分莲麻坑村民最初都在山打根谋生。二战期间，山打根遭到严重破坏，英国人遂于 1946 年将首府迁至阿皮亚。随着政经重心的转移，莲麻坑村民顺应潮流，迁到阿皮亚及其邻近地区继续打拼。

1957 年，马来亚从英国的统治下独立。1963 年，英属北婆罗洲宣告独立，同年加入马来亚联邦，组成马来西亚。北婆罗洲改称沙巴，又被称为“东马”。

早年移居北婆罗洲的莲麻坑村民除从事耕作外，也经营树胶园、从事割树胶和伐木等工作。莲麻坑村民在当地刻苦打拼，村民的第二代又勤奋好学，渐渐摆脱昔日困苦的生活，部分村民成为当地备受尊敬的华人。叶炳曾为兴建“山打根新华学校”筹募建校基金，对地方华文教育有所贡献，1981 年获颁沙巴州元首颁发的社会有功人士勋章。叶运强曾在沙巴州政府海洋局任职，2004 年获颁 ADK 勋章。叶瑞光成立油棕农业有限公司，建立 5 个油棕园，共占地 1200 英亩（7284.34 亩），每月生产油棕 400 吨。

乡梓情怀

建设家乡 身在异乡的莲麻坑村民，节衣缩食坚持汇钱回乡，希望改善家人的生活环境，提升家庭的社会地位。来自外埠的汇款，曾经是莲麻坑的重要经济支柱。海外乡亲的汇款除能解决日常所需，还能供养孩子接受教育，甚至足以在乡间购置田地、兴建新的房屋。

由英国返回莲麻坑居住的叶观保（右）、杨观娇（左）伉俪在自家住所前留影

长岭与莲麻坑隔河相望，早于 19 世纪 60 年代已有莲麻坑村民到长岭耕作，最初是一片农地。随着海外乡亲汇款渐多，村民有能力聘请工人在长岭开辟荒土、兴建房屋，长岭发展成莲麻坑的一个分村。

至于莲麻坑村内的公益建设，例如建校、修庙等，海外乡亲若有听闻，均会慷慨解囊，汇款回乡，支持家乡的发展。现居于莲麻坑村的村民不足 100 人，但居于海外的莲麻坑村民超过 1 万人。

海外乡亲联谊会　2009 年，莲麻坑海外乡亲联谊会在英国成立，宗旨是团结身在英国的莲麻坑村民，保持及促进他们与莲麻坑村的联系。每年 12 月 26 日节礼日，乡亲联

2013 年 9 月 29 日，莲麻坑村海外（马来西亚）乡亲联谊会会员回乡祭祖

谊会会举行聚会，散居于英国各大城市的莲麻坑村民会聚首一堂庆祝佳节，每年有 300 余名村民参加。

2013 年 9 月，莲麻坑海外（马来西亚）乡亲联谊会在沙巴成立，为居于马来西亚的莲麻坑村民建立一个沟通协调的平台，团结马来西亚的莲麻坑乡亲，组织回乡观光、寻亲祭祖等活动。联谊会在初创阶段，会员人数已发展至 200 多人。2014 年 3 月 1 日，香港莲麻坑村海外（马来西亚）乡亲联谊会在阿皮亚举办甲午年新春联欢，吸引 200 多名乡亲与各界人士欢聚一堂。

文物胜迹

莲麻坑村规模不大，却有一些别具特色的文物古迹。叶定仕仿孙中山家居房屋修建的叶定仕故居被香港特区政府香港古物古迹办事处评为香港二级历史建筑，2009 年 11 月被列为法定古迹。造型奇特的麦景陶碉堡矗立在矿山之上，也是香港二级历史建筑。红花岭上的红花寨遗址充满神秘色彩。

叶氏宗祠外景（2014年）

◉ 宗祠

叶氏宗祠

莲麻坑叶氏宗祠位于关帝宫后稍高的位置。罗香林教授曾收集到清嘉庆二十四年（1819）的《沙头角莲麻坑叶氏族谱》，其中载有莲麻坑叶氏宗祠门联，“由陆至安，二百余年春祀秋尝，不忘罗溪木本”“自思迄兰，十二传孙承前启后，犹存楚燕家声”根据古物咨询委员会2013年12月27日的《1444幢历史建筑物名单和评估结果》记录，该宗祠于1972年重修，2010年1月22日被香港特区政府古物古迹办事处评定为三级历史建筑。

宗祠为一座两进一院三间的传统中式建筑，宽9.5米，两进一院共深约15米、高3.2米。至今仍保有昔日的硬山式屋顶，上铺客家建筑常见的阴阳瓦。两进屋顶上有简单屋脊，有鲤跃龙门、八仙、牡丹、喜鹊、狮子、锦上添花等吉祥图案的灰雕。分布于门厅及神厅上的檐口板刻有

叶氏宗祠内景（2011年）

1997年2月，莲麻坑叶氏族人组团到广东螺溪祭祖。前排左起叶华有、叶马生、叶煌友、叶美福、叶理山、叶维里、叶芦恩

不同寓意的木雕图案，如金鱼、虾、蟹、猫、蝶、夔龙等，还有荷花、牡丹等植物，花瓶、博古等吉祥器物。

宗祠门外悬有对联，写有“螺溪世泽，楚县家声”，追溯叶氏源流。“螺溪世泽”指莲麻坑叶氏先祖叶梅实在广东海丰螺溪立业。楚指楚国，叶县古属南阳郡，东周时期成为楚国版图。叶氏始祖沈诸梁的封邑是叶县，后以其封邑为家族姓氏。“楚县家声”指叶氏姓氏由来。

宗祠第一进门厅两旁有耳房，用于堆放杂物。门头上有“敦宗”“睦族”的灰雕字样。两旁壁上挂有叶大经十六世孙叶梦熊画像及莲麻坑思发祖之孙叶廷显肖像。

链接：叶梦熊简介

叶梦熊（1531—1598），字男兆，明代广东惠州府归善县万石里（今广东省惠城中山南路）人。明嘉靖四十年（1561）进士，历任福清知县、山西道监察御史、赣州知府、安庆知府、浙江巡海兵使、山东肃政廉访使、右佥都御史、副都御史，因平叛有功升右都御史，并在贺兰山刻石纪功。后加封兵部尚书，改南京工部尚书，赠、加封太子少保、太子太保。在明朝官员考察中，曾被评为“廉能第一”。《明史》有传，称其“有胆决，敢任事”。《惠州市志》亦有传，称其“议论国家大事，刚正无私，不避权贵”。

叶廷显为莲麻坑三世祖叶达波之三子，与其兄弟廷玺、廷相、廷扬、廷英 5 人被称为“五虎将”。

门厅有功名牌匾 3 块，为叶氏族人分别于清道光至光绪年间获官府封赠。壁上嵌有《重修莲麻坑村叶氏祖祠碑记》（1972 年），另有两幅族人祝贺宗祠重修之牌匾，以及第十九传孙叶天养于 1981 年获为香港非官守太平绅士时赠送之牌匾。

第一块清代牌匾内容：

钦命日讲起居注官翰林院侍读太常寺少卿提督广东全省学政加三级纪录四次李棠阶为明经进士道光二十四年例选第壹名附贡生叶英华立

这是清道光二十四年（1844）广东学政李棠阶为莲麻坑村民叶英华颁发的牌匾。“明经进士”是贡生的别称。古代贡生制度由来已久，原系选拔生员中优秀者，到国子监读书或从政。附贡生是秀才靠捐贡而得的贡生。

第二块清代牌匾内容：

同治七年戊辰科殿试三甲第十名钦点御前侍卫

臣叶锦标立

悬挂于叶氏宗祠的清代匾额

第三块清代牌匾内容：

监临兼署两广总督部堂兵部侍郎兼都察院右副都御史巡抚广东地方提督军务兼理粮饷张兆栋为武魁光绪元年乙亥 恩科乡试中式第廿七名举人叶首第立

这是清光绪元年（1875）两广总督、广东巡抚张兆栋为莲麻坑武举人叶首第颁发的牌匾。

叶氏宗祠第二进为神厅。厅中间置有神龛，供奉叶氏堂上始高曾祖、莲麻坑始祖思发公、开基祖达波公、达滨公的牌位，还有达波公五子廷玺、廷相、廷显、廷扬、廷英，以及达滨公二子廷聚、廷拔等先祖的神主牌位。神龛两旁有悬联“金鼎香飘映乾坤瑞气，神台烛耀灿日月禅光”。神厅两侧有对联两副，其一为“由陆至安二百余载春祀秋尝不忘螺溪木本，自思迄荣十三传孙承先启后犹存楚县家声”。

对联上联中，“陆”指“陆丰”。明洪武年间（1368—1398），入粤九世祖叶梅实由梅州迁至今陆丰螺溪。“安”指“新安”，清康熙年间（1662—1722），莲麻坑开基祖叶

叶氏宗祠内的木主牌位

2013 年 9 月 29 日，叶氏族人秋祭后于叶氏宗祠门外留影

达波由陆丰经东莞至新安县莲麻坑村开基。

叶氏族人以祖传辈序来排列辈分：思达廷开应，昌成定吉祥，茂兰荣振秀，佩玉永清扬。下联中的“自思迄荣十三传”就是指此。

第二副对联为“叶氏衍宗枝花萼相辉栋宇重新增式廓，连麻贻世泽埙篪叶韵楷模宏拓厥壮猷”。对联落款为“思发太祖祠重修落成之庆　一九七二年，岁次壬子孟秋下浣叶再生敬撰并书”。

由于时间久远，祠堂主梁及檩条大多已被白蚁所蛀蚀。经叶氏族人争取，政府有关部门答允拨款重修，工程分数期进行。1972 年重修时所换的混凝土梁，将以木条更换，神龛上的朽烂木雕也将按原貌修复。

叶氏宗祠由叶思发祖族人管理。现时，叶氏族人仍会于春、秋二祭，传统节日及嫁娶、丧葬时，在宗祠拜祭祖先。宗祠也是叶氏族人举行家族会议、决定家族大事的场所。

20 世纪 70 年代的冼氏宗祠

冼氏宗祠 冼氏宗祠位于村内“风水塘”旁，邻近官氏宗祠。肇建年份无从稽考。祠堂内除供奉先人牌位外，据说亦曾有冼氏族人的功名牌匾。

1979 年，曾有梧桐山坑背村冼氏族人从梧桐山偷渡过去，藏匿在莲麻坑冼氏宗祠，然后转往市区。20 世纪 80 年代初，居于冼氏宗祠旁的冼氏司理人家中失火，火势波及祠堂，冼氏家族部分珍贵文物连同祠堂付之一炬。后得到村内一位已迁往英国的刘姓华侨捐款，将原址整修为禾场，供村民聚会或停车之用。1998 年之后，冼氏族人试图在原址重修宗祠，但因筹款困难而作罢。

刘氏宗祠 莲麻坑有 3 座刘氏宗祠。其中，1 座已圮毁，另外 2 座得到重修，均为硬山顶一进一院建筑。位于东面之宗祠，为刘玉麟之子刘鼎亮公创建。宗祠始建年月不可考，2001 年由刘鼎亮后人刘丁才、刘戊财、刘煌生、刘玉、刘少平、刘胜、刘慰林等重建。重建费用 99.9 万港元（约人民币 106 万元）由刘鼎亮长子刘习礼产业银支付。宗祠面宽 4.3 米，深 9.5 米，高约 3 米。祠外悬有对联“彭城世泽，禄阁家声”。上联指汉高祖刘邦，下联指西汉刘向曾校书于天禄阁。祠内有《刘氏历代流传大族谱简序》碑记，简述刘氏世系来源，原为尧帝之后，追至玉麟公之长子鼎亮于清初移居莲麻坑，为莲麻坑开基祖，日后子孙繁衍，至今传至“常”字辈。祖祠内供奉木制神位，上刻“刘氏堂上始高曾祖考妣神位”，两侧有对联“彭城世泽千家盛，禄阁家声万年兴”，横批

刘氏宗祠（2013年）

“子孙昌盛”。左边供奉观音菩萨，亦有对联“西方绿竹千年茂，南海莲花九品香”，横批“慈航普照”。

祠内主梁刻有“百子千孙”，寿梁刻有“万世其昌”。祠内右墙悬有功名牌匾，为刘氏族人刘腾骧于清光绪二年（1876）考取武举人而获朝廷颁赠。左墙有以大理石刻制的《刘氏历代流传大族谱简序》。

右壁功名牌匾文字：

头品顶戴兵部尚书两广总督部堂兼理粤海关事务硕勇巴图鲁刘坤一主试兵部侍郎兼都察院右副都御史巡抚广东等处地方军务兼理粮饷张兆栋为武魁

光绪二年丙子科乡试中式第四十八名举人刘腾骧立

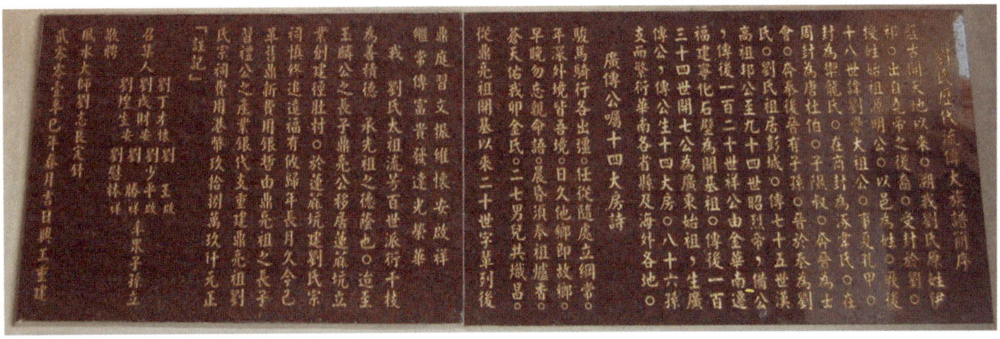
劉氏歷代流傳大族譜簡序
溯古開天地以來。溯我劉氏原姓伊
祁。出自堯帝之後裔。受封於劉。
後姓始祖源明公。以邑為姓。歷夏
十八世諱劉累大祖公。事夏孔甲。
封為御龍氏。在商封為豕韋氏。在
周封為唐杜伯。子隰叔。奔晉為士
會。奔秦後晉有子孫。晉於秦為劉
氏。劉氏祖居彭城。傳七十五世漢
高祖邦公至九十四世昭烈帝，備公
，傳後一百二十世祥公由金華南遷
福建寧化石壁為開基祖。傳後一百
三十四世開七公為廣東始祖，生廣
傳公，傳公生十四大房。八十六孫
支而繁衍華南各省縣及海外各地。
廣傳公囑十四大房詩
駿馬騎行各出疆。任從隨處立綱常。
年深外境皆吾境。日久他鄉即故鄉。
早晚勿忘親命語。晨昏須奉祖爐香。
蒼天佑我卯金氏。二七男兒共熾昌。
從鼎亮祖開基以來二十世字輩列後
鼎庭習文振維懷安啟祥
繼常傳富貴發達光榮華
我 劉氏大祖流芳百世派衍千枝
為善積德 承先祖之德蔭也。迨至
王麟公之長子鼎亮公移居蓮麻坑立
業創建徑肚村。於蓮麻坑建劉氏宗
祠慎終追遠福有攸歸年長月久今已
革引鼎新費用銀贊由鼎亮祖之長子
習禮公之產業銀代支重建鼎亮祖劉
氏宗祠費用港幣玖拾捌萬玖仟元正
「註記」
劉丁有樣 劉王啟
召集人 劉戊財安 劉少平啟
劉陞生安 劉勝祥 率眾子孫立
劉戀林祥
敬將
風水大師劉志長定針
歲次癸巳年春月吉日興工重建

《刘氏历代流传大族谱简序》

西边另一所刘氏宗祠，为一进一院的建筑，面宽 4.34 米，深 8.7 米，高 3.2 米。始建年代已不可考。2004 年由落业安居新界莲麻坑村的先祖刘发胜之后人刘天球等重建。祠堂门外亦悬有对联“彭城世泽，禄阁家声”。上联指汉高祖刘邦，下联指西汉刘向曾校书于天禄阁。祠内有碑记，记述宗祠重建经过。祠内供奉木制神位，陈设与东侧刘氏宗祠无分别。

两座重修的刘氏宗祠中有一座已局部倾圮的刘氏宗祠，为刘玉麟四子刘清元后人所建。始建年代已不可考。因日久失修，大门倾颓。屋内只余一架香案，仍供奉木制神位，上刻“刘氏堂上始高曾祖考妣神位”。祠内保留两架传统农具风柜。当年族人收成谷物后，将谷粒倒进风柜中，以人力转动产生风力，吹走附在谷粒上的杂草及谷壳。

官氏宗祠 官氏宗祠位于莲麻坑村关帝宫旁，面朝“风水塘”，建造年份难以追溯。昔日为官氏族人聚睦联谊，以及举行祭祖、点灯等宗族活动的地方。2009 年年底，官氏宗祠被古物古迹办事处评定为香港三级历史建筑。

官氏宗祠为两进一间式建筑，面宽 3 米，两进共深 15 米，高 3.1 米。第一进与第二进之间的庭园原有一道侧门，可以通往旁边官氏族人拥有的民居。

官氏宗祠（2014 年）

宗祠的整体建筑简朴，祠堂门外悬有对联“天水世泽，安邑家声”。神厅位于后进，中间的神龛供奉官氏历代祖氏。神龛背后以红纸写上“满堂吉庆”，两旁有悬联“天水世泽千秋盛，安邑家声万年兴”。

祠堂内部略显破旧，官氏族人现正与政府磋商，希望获有关部门拨款，为官氏宗祠进行巩固、重修等工程。

庙宇

关帝宫　莲麻坑关帝宫位于村内“风水塘”畔，为一座二进一间的小庙，面宽 2.7 米，两进深 12.4 米，高 2.6 米。庙内供奉关圣帝君，立有关羽、关平及周仓的塑像。神龛两旁挂有木刻对联“千秋义勇无双士，万古精忠第一人”。庙内有《莲麻坑关帝宫重建芳名列》碑刻，为 1981 年 12 月关帝宫筹建委员会立。

20 世纪 80 年代初，关帝宫年久失修，村内组织筹建委员会，发动募捐重建。经由北区理民府转呈华人庙宇委员会申请捐助 3.7 万港元，又得到海内外村民慷慨解囊，乐助善款。在外埠捐款未到之前，由筹建委员会会长叶胜垫付，工程得以如期完成。

1982 年 1 月 13 日，莲麻坑举行关帝宫重修落成典礼。新界乡议局主席刘皇发、大埔北区理民府庄士信、边区警司刘玉权、黄立瑞太平绅士、华人庙宇委员会委员汤国华等主礼，筹建委员会主席叶天养致辞。

关帝宫外景（2014年）

关帝宫内景（2014年）

1995年前，村公所曾借用关帝宫办公。当时村内重大行政事务，均会到关帝宫庙前空地公议。

观音庙　观音庙位于沙吓，三进两院一间，面宽约4米，共深13.7米，高3米。前建有门楼，与一进相连。石门框有11条菱形横木，以作防卫，并悬有木刻联版“基肇莲溪，泽流楚县”。神厅供奉观音菩萨。观音庙门楼于1991年重修，二进于1996年重修。该庙前身为叶氏三世祖叶廷显祠堂，庙内神厅悬有叶廷显祖肖像。

庙前对联“基肇莲溪，泽流楚县”，平日收藏于庙内，观音诞期及新春期间会悬于门外。

共管庙宇

莲麻坑与孔岭洪圣宫　打鼓岭洪圣宫位于孔岭村，在沙头角公路和坪輋路交界处。

2012年3月4日，孔岭洪圣诞时举办的盆菜宴

孔岭洪圣宫始建于清乾隆二十八年（1763），由打鼓岭四约（龙跃头约、丹竹坑约、莱洞约及莲麻坑约）合建。除奉祀神灵外，孔岭洪圣宫亦是打鼓岭四约共商大事的场所。

孔岭洪圣宫为两进式建筑，后进神厅正中供奉洪圣大王，现被列为香港三级历史建筑物。第二次世界大战后，打鼓岭四约乡民曾集资修葺洪圣宫。1991 年，孔岭洪圣宫再次重修，莲麻坑村村长叶胜、叶吉涛出任重建委员会委员。孔岭洪圣宫产业为四约乡民共同拥有，并选出司理人管理该庙。

洪圣大王的诞期为农历二月十二。每逢洪圣诞期，龙跃头约、丹竹坑约、莲麻坑约及莱洞约乡民都会举行还神仪式以谢神恩；亦会在庙前举办盆菜宴，务求神人共乐，联谊乡情。

莲麻坑与长山寺 长山古寺位于沙头角和打鼓岭之间的禾径山下，由沙头角及打鼓岭区内的莲麻坑、坪洋、禾径山、坪輋、大塘湖、莱洞及万屋边等 7 村村民于 18 世纪中期合力兴建。据寺内铸于清乾隆五十四年（1789）的铜钟铭文记载，长山古寺原为“长生庵”。莲麻坑村村民曾送予长山寺不少禾径山附近的土地作为寺产，以维持长山寺运作。

长山古寺门前原是一条古道，东连万屋边，西接打鼓岭。有学者认为长山古寺是古时驿站的旧址，因为早年的新安县大致分为东西两路，西路的南头城是县城所在，东路则有大鹏城。由县城南头东往大鹏城，最方便的路径就是经深圳，穿文锦渡，到打鼓岭，过长山古寺，出万屋边，越拗下，抵沙头角海。长山古寺正当此古道中途，该寺曾接待往来沙头角至深圳的旅客。

长山古寺规模不大，是典型的清代岭南民居建筑格局。分前后两进，后进比前进高出约 1 米。正中为主殿，左右为偏殿。据说当年的行旅便是居于左右两殿。寺内主要供

2011 年 8 月 17 日，莲麻坑村民参加长山古寺盂兰盛会拜神仪式

奉佛祖、观音及地藏菩萨，法器、佛坛均极为古朴。1998 年 1 月 16 日，长山古寺被香港特区政府列为法定古迹。

长山古寺位置接近坪輋六约的村庄。清道光年间（1821—1850），发生黄贝岭和沙头角各村与坪輋六约械斗事件后，莲麻坑村民有相当长一段时间没有参与长山寺的事务，其他 6 村亦没有选出司理人管理长山寺，一直由寺内的住持管理。直至 20 世纪 70 年代初，长山寺住持向新界理民府申请将长山寺业权转归入其名下。时任沙头角乡事委员会副主席的莲麻坑村村长叶胜得悉后，与其他 6 村一起成立长山寺执行委员会，最终取回业权和管理权。

长山古寺现由沙头角和打鼓岭区的大塘湖、禾径山、坪洋、坪輋、莱洞、万屋边及莲麻坑 7 村代表组成的长山古寺执行委员会管理。每年农历七月十八，在长山寺举行盂兰盛会祈求合境平安，举行盆菜宴招待 7 村村民以叙乡谊。

◉ 民居

叶定仕故居　同盟会泰国分会会长叶定仕故居，位处沙头角莲麻坑村对面楼。1906

修复前的叶定仕故居（2010年）

翻修后的叶定仕故居（2011 年）

年春，叶定仕到广东省香山县翠亨村孙中山故乡参观。怀着对孙中山先生的敬仰，叶定仕决定仿照孙中山家居楼房中西合璧的模式，在家乡建造一座房屋。建房工程于 1908 年由其弟叶定焕完成。

叶定仕故居糅合中西建筑风格，具有门多窗多、回环联通的特色。使用木材及青砖建造，房屋外观为意式风格，设计简约对称。屋顶为中式硬山瓦顶，正立面设有门廊，以方柱支撑上层的阳台。阳台的栏杆以琉璃花瓶装饰。建筑为 2 层，每层各有 3 个房间。上下层依靠左右房间 2 条木楼梯贯穿，地下中间房为客厅及饭厅，一楼中间房为主人房。1943 年，叶定仕在其故居去世。

1967 年，叶定仕家人迁出。楼房空置后，屋内物品大多散失。叶定仕的个人资料丢失，包括他当年参加同盟会的文件。后来，大屋年久失修，残破不堪，主楼顶、楼板及门窗被白蚁严重破坏。屋外杂草丛生，外墙需以木条固定支撑以免坍塌。

香港回归以后，经村长叶华清努力，特别是叶定仕第三子叶瑞山不断呼吁，叶定仕故居引起特区政府重视。1998 年，叶定仕故居被古物古迹办事处评为香港二级历史建筑。2009 年 11 月 6 日，香港特别行政区政府将叶定仕故居提升为香港法定古迹。

2011 年秋，辛亥革命元老尢列曾孙尢迪桓（右一）及夫人尢曾家丽（右二）在叶瑞山（左二）、丁新豹（左一）陪同下，参观叶定仕故居

2010 年，特区政府拨款 700 万港元展开叶定仕故居修复工程。主要工程包括修复中式瓦顶、更换已损毁桁桷、楼板及门窗，以及粉饰外墙。

在 2011 年辛亥革命一百周年之际，叶定仕故居修复工程竣工并对公众开放。故居内设有展板，介绍叶定仕生平事迹。时任香港特区政府发展局局长的林郑月娥、辛亥革命元老尢列曾孙尢迪桓及夫人、“中国留学生之父”容闳长孙容永成等曾前往参观。

叶祥霖客家大屋 叶祥霖客家大屋位于莲麻坑村公所东侧，为典型客家式大屋。大屋为一进三间，面阔 11.2 米，深 9.5 米，高 4.6 米，硬山顶。大屋所有转角位置均有角柱石条，加有压面石，以承担屋顶及砖墙的重量。大门及屋内门框以花岗石条砌筑。大屋造型简洁、坚实美观。

大屋屋檐下的封檐板刻有“太狮少狮”彩色图案，借以勉励子孙事业有成，功成名就。封檐板下的壁画绘有五只展翅飞翔的大雁，上写“五子登科”，亦有同样寓意。

“五子登科”壁画两侧，用篆书写有唐朝诗人刘禹锡的诗篇《陋室铭》部分内容，左右各 29 字。

大屋分三间，中间为大厅，间有后室。左侧以青砖分为三室，前、中为厨房及杂物房，后室为睡房。右侧两室亦为睡房。左右两侧及后室均建有阁楼，可沿左侧楼梯上楼。屋顶灯梁上刻有精美的彩色石榴图案和“百子千孙”字样，寓意家族人丁兴旺。屋内保留的酸枝木家私，反映出当年大屋主人富裕的生活环境。

2014 年 4 月，叶祥霖向访客介绍其旧居客家大屋

叶祥霖客家大屋内景（2013 年）

大屋结构与其他客家大屋一样，窗户较少，瓦面有透明玻璃以便采光。莲麻坑因地处偏远，旧时治安欠佳，窗户都加有粗铁枝，大门的横推趟门以 2.5 厘米粗的铁棍焊接而成，屋顶的木桁条间隔比一般大屋为密以防窃贼。

叶祥霖父亲叶吉勋是巴拿马华侨，与其兄叶吉文在巴拿马经营面包店。在巴拿马创业略有积蓄后，两兄弟汇款托人在家乡兴建此客家大屋。大屋正门上书有“时在乙丑岁，岁在夏月吉旦”字句，大屋建于 1925 年夏。叶祥霖即诞生在此大屋之中。

古物古迹办事处翻修过的叶祥霖客家大屋（2017 年）

2014 年 12 月 4 日，特区政府古物古迹办事处确定新界沙头角莲麻坑 34 号村屋（叶祥霖客家大屋）为三级历史建筑物。

◉ 碉堡

麦景陶碉堡 为加强边境防卫实力，1949—1953 年，港英政府沿着深圳河边境兴建 7 座坚固的警岗。由时任警务处处长麦景陶倡议兴建，因而被称为麦景陶碉堡。2009 年 12 月 18 日，7 座麦景陶碉堡被古物古迹办事处评定为二级历史建筑。

麦景陶碉堡雄踞山岭，视野开阔，全部朝向北方，方便观察深圳河以北的局势变化。7 座麦景陶碉堡从东至西分布在伯公坳（沙头角）、矿山（莲麻坑）、白虎山（香园围）、瓦窑（打鼓岭）、南坑（文锦渡）、马草垄（落马洲）和白鹤洲（米埔）。

因麦景陶碉堡外形独特，又被称为“麦景陶教堂”。碉堡的瞭望塔约 2 层楼高，顶层为八边形或圆形设计。瞭望塔两翼为 1 层楼高的建筑物，两翼之上设有齿状矮墙作防御用途。碉堡外墙漆上绿色作为掩护色，外部由铁丝网包围。碉堡内有厨房、睡房等基

矿山麦景陶碉堡（2013 年）

本生活设备，部分碉堡有发电机房、水塔、机枪堡。这些碉堡现仍有堵截非法入境者和打击跨境行为的功能。

从莲麻坑村眺望，可见位于矿山的麦景陶碉堡。它是麦景陶碉堡中最高的1座，位于200米的山岭上，是经历改动最小的1座。

摩啰楼堡垒 在7座麦景陶碉堡修建之前，莲麻坑已有数座堡垒，建于20世纪30—40年代。其中，摩啰楼堡垒由印籍英军驻守，故名摩啰楼。摩啰楼为2层的水泥建筑，铁闸、铁窗坚固，面向深圳。香港沦陷期间，摩啰楼和战壕均被日军占用。战后难民大逃亡期间，摩啰楼由英军啹喀[①]兵驻守，现已弃用。

摩啰楼遗址内景（2010年）

莲麻坑村西有座小山，近香园围处，名为白虎山，亦名白花山。白虎山上建有麦景陶碉堡，碉堡南另有一座小山岗，20世纪30—40年代英军曾在此建有小型工事，现已废弃，只余一些坑道及战壕，战后香港警方曾在此设有行动基地。

门楼

东门楼 莲麻坑村中心地带原有围场保护，并设东、西两个出口。清光绪二十五年（1899）的《香港政府宪报》称其为“围心”。在村内一角，可见昔日用来防盗的东门楼遗迹，而西门已荡然无存。1988年，在叶胜、

莲麻坑围心东门楼——启明楼（2011年）

① 啹喀，Gurkha，加入英军的尼泊尔部族，廓尔喀人。二战后随英军驻守香港，直至香港回归。

叶吉涛担任村长期间，海内外莲麻坑村民踊跃捐资，筹得 89900 港元（约 42795 元人民币）和 14795 英镑（约 99798 元人民币），用以重建东门楼及疏浚鱼塘，并将门楼命名为“启明门”。

门楼侧嵌有一块于清光绪二十年（1894）所立的《修整围场碑序》石碑，及《莲溪重建东门楼及疏浚鱼塘捐款芳名录》石碑。《修整围场碑序》石碑高 0.53 米、宽 0.87 米，是莲麻坑现存最古老的碑刻。

启明门楼内的石碑（2010 年）

◉ 桥梁

莲麻坑古桥　由村中“风水塘”步行前往叶定仕故居，要经过莲麻坑河。1908 年兴建叶定仕故居时，曾建造一座石桥横跨小河，以便往来莲麻坑村。石桥总长 6.7 米、宽 1 米，离水面约 1.6 米。桥面以 3 块长 3.3 米、宽 0.3 米的石条，以及 3 块长 2.6 米、宽 0.3 米的石条搭建。每块石条厚约 0.13 米。桥墩以石块砌筑，两端为菱形，以利水流。2009 年年底，石桥被古物古迹办事处列为三级历史建筑。

长命桥（国际桥）　长命桥位于莲麻坑横沥附近，与莲麻坑路相连，横亘深圳河上游，连接深圳的长岭和香港的莲麻坑村。因村民惯称长岭村为长命村，故以“长命”命名此桥。

长命桥原为一座清代古石桥，有 2 个桥墩，桥面用并排的 3 块麻石铺成，由莲麻坑村民出资兴建。该桥是莲麻坑村民前往长岭耕作，以及前往深圳墟投墟的必经之路。20 世纪 50 年代初划定边境禁区“封河”之后，河两岸的村民仍可持广东宝安县颁发的“过境耕作证”，经过长命桥到对岸耕作。

1978 年，内地实施改革开放政策。持过境耕作证过桥的内地村民人数迅速增加，他们从香港带回的副食品和日用品也愈来愈多，狭窄的长命桥渐渐不敷应用。

当时深圳长岭村归莲塘大队管辖。为加速莲塘发展，大队干部万冠平计划拓宽长命桥，他与当时已居香港的同乡周瑛协商后，周瑛及其弟周火祥、友人林德、利广和 4 人

莲麻坑古桥（2010 年）

合资 1.4 万余港元，购买扩桥所需水泥、铁料、水喉等工料，并添置部分机器。

扩桥工程保留原有桥趸，在桥面加铺水泥。周瑛等 4 人兼任监工，轮流监督扩建进度，莲塘大队则负责招募附近 5 个村村民提供劳动力。1978 年 5 月，新桥竣工。新桥桥面宽约 4 米、长约 7.6 米，离水面约 3.35 米，桥身以 2 座两端为菱形的桥墩承托。

现在，在长命桥两岸桥头，分别设有香港的警岗和深圳的边防检查站。莲麻坑村民手中不再持有过境耕作证，因而不能通过此桥前往深圳。深圳长岭一带部分村民仍有过境耕作证，仍可通过此桥来往深港两地。

2013 年 7 月 4 日，周瑛（右一）在长命桥上介绍扩建经过

◉ 古遗址

红花寨遗址　红花寨遗址位于莲麻坑村东南，东临沙头角海。遗址在海拔 489 米的

红花寨遗址全景图，右侧可见沙头角海（2015 年）

红花岭和海拔 492 米的红花寨山之间的山坳中，临近麻雀岭。沿山路东北行可下沙头角墟，向西北可往莲麻坑、打鼓岭一带，南行则达万屋边、莱洞等地。

现存红花寨遗址包括 4 处人工建筑遗址，分别为方形遗址、圆形遗址、椭圆形遗址及 1 条壕沟。4 处遗址以石砌小路相连。

方形遗址位于最北面，长约 9 米，宽约 7.7 米，四周以麻石石块堆砌而成，高约 0.7 米，中间为平整的红土地面。

圆形遗址位于方形遗址南面，直径约 2 米，圈围的麻石石块堆砌高约 1 米，西边有一缺口，宽约 1.6 米，距方形遗址约 11.6 米。

椭圆形遗址位于3处遗址最南端，距圆形遗址约16米。东西约4.6米，南北约3.6米，圈围的麻石石块堆砌高约 1 米，靠近水源。

壕沟在方形遗址东面小山丘上，由西向东约长 27 米、深约 1 米、宽约 0.7 米，两端为圆形土坑，直径约 2 米。其中一个土坑视野极佳，蹲在其中可俯瞰沙头角海各村。东面下临沙头角。壕沟距方形遗址 25 米。

红花寨上有不少旱田，为莲麻坑叶氏拥有，还有一座莲麻坑四世祖开乔公原配陈氏之墓。

2015 年 1 月 3 日，考察红花寨遗址，左起为姜耀麟、苏万兴、刘蜀永、叶玉安

据莲麻坑故老相传，明末清初，有一批明朝官兵因不服清朝统治，走到沙头角，意图起兵“反清复明”。后来因为明朝大势已去，他们就沦为“山贼”。由于他们的山寨设在红花岭，故名“红花寨”。红花寨居高临下，易守难攻，且有多条道路通往内陆和海上，遇上官兵围剿也较容易逃脱，因此他们选择在此安营扎寨。这批山贼“不吃窝边草”，从不骚扰附近莲麻坑等村的村民。

风土民情

中国许多传统民间习俗在莲麻坑得以延续。叶氏族人数百年从未间断的春秋二祭，反映出慎终追远、饮水思源的民族精神。伯公崇拜则与善于迁徙创业的客家传统有关，他们迁徙到一个地方，就会想起伯益带领人们创业的传说，把伯益当作保佑他们的神祇，并将其称为“伯公”。从传统贺年习俗脱胎而来的莲麻坑新春同乐日别开生面。

民间信仰

伯公崇拜 伯公崇拜是客家地区普遍流行的习俗，莲麻坑这个客籍村庄亦不例外。“伯公”亦称批社官、后土、土地、把界大王，是一方的土地神、保护神。客家人将土地神称为“伯公”的原因有多种说法。一说这是乡民的俗称，因土地神像是白须老人，像乡村的白须老伯一样，所以称为“伯公”。一说与上古时代传说中的“伯益”这个人物有关。舜帝曾经命他辅佐夏禹治水。夏禹继承帝位以后，伯益便成为禹帝身边的重臣。伯益非常勤奋，带领百姓到各地开疆辟土，安居乐业。客家人是汉族中最典型的善于迁移创业的民系。他们迁移到每一个新的地方，都希望有一位能保佑他们的神祇，就会想起伯益带领人们创业的传说，很自然地把伯益当作客家人的“保护神”，并将伯益称为“伯公”。

莲麻坑村有 12 座伯公神坛：水口伯公、大王爷伯公、桥头伯公（来水位伯公）、樟树头伯公（福德伯公）、牛王伯公、沙吓伯公、围肚伯公、对面楼伯公、孵仔岘伯公、塘肚口伯公、塘肚山伯公、高排伯公。其中，大王爷伯公神坛长近 5 米、宽 2 米，依山坡而建，有一座石造香炉，饰以红色雕花，镶嵌在石祭台上。神坛成长方形，是村中最大的土地伯公神坛，位于莲麻坑村的出入口，是全村的最重要土地神坛。

莲麻坑伯公神坛中有 5 座写有对联：

围肚伯公

土丰恒大有

神泽益家人

牛王伯公

牛德普四民迪吉

王恩广万物咸亨

樟树头伯公

福泽绵绵远

德音秩秩长

桥头伯公

保镇中流柱石

安宁众里人家

大王爷伯公

大德巍峨千古仰

王恩浩荡四民安

古时，遇有新居落成、新坟竣工等，莲麻坑村民都会拜祭伯公，并作祭文。

链接：祭伯公文

恭维

同治□年岁次□月建□朔日□，合家眷等，为上造工告竣，不敢擅便，虔具牲体、香楮、宝烛、干茶、粉菓征仪，致祭于我土名□□宅田伯公坛前。又敬请土名□□田伯公尊神，迎着香烟降驾，俯临□□田伯公坛前共（供）座，鉴受微筵，以报赛神恩默佑之功。

村口的大王爷伯公神坛（2015年）

伏以神恩浩荡，德泽皇皇。佑我田亩，遇彼蟊蝗。离离禾黍，穰穰稻粱。载歌大有，咸咏斯箱。春耕既获，秋藕未黄。

伏冀田祖更庇新秧，风调雨顺，年有人康。兹陈不腆，敬献酒浆。神灵如在，来格来尝。尚享。

祈雨　莲麻坑是一个四面环山的乡村，村内仅有一条流量不大的莲麻坑河，水资源短缺。遇上久旱无雨，村民一筹莫展，只能祈求上苍早降甘霖。

莲麻坑至今有村民保存着一本源于清朝的手抄本书籍《叶吉崇帖式》。该帖式记录了莲麻坑许多求雨活动的资料，反映出清代莲麻坑村民对大自然和神灵的崇拜和依赖。

清代莲麻坑久旱无雨时，村民们会登上红花嶂（红花岭）求雨，祷告七仙，启奏上苍，请求风伯布雨田。

链接:《叶吉崇帖式》之《天晴求雨在红花嶂吟》

农亥终日怨晴天，直上红花祷七仙。
嘶角声回霞远岫，振锣音响雾缭巅。
云师此日知民悴，风伯何时布雨田。
冒奏上苍雷震震，梧桐岭下水涟涟。

清代莲麻坑的求雨仪式相当隆重，有时会设立祭坛，邀请道士作法，祈求玉皇大帝“降甘雨”“赐滂沱”。

链接:《叶吉崇帖式》之《天旱求水表》

伏以
坛座巍峨，运山川以作福；
宝炉灿烂，并日月而争光。
广鸿兹于庶类，
施膏泽于民间。

今据大清国广东道广州府新安县第六都□居住通围信蚁□等稽首、顿首。窃谓民资乎食，食必资乎耕种。欲求酉成，先贵东作，故雨顺年丰，深获耕耘，民命得免以沟涸也。然今岁春时未雨，夏日更晴。郊原赤地，举目千里。农人负耒嗟春耕之失望，士女临田叹早造之无收。家家待哺，户户啼饥。俯仰不足，民命难活。引领望切，无方可叩。信等谨择本年□月□日，虔具宝烛帛斋酌之仪，冒干于我之灵座前，伏冀金舆下贲，玉辇陟降，有求必应，有福皆灵。

转奏昊天金阙玉皇上帝御前，俯念下民，鼓风云而降甘雨，敕箕毕而赐滂沱。泉源有混混之形，川泽有滔滔之势。尽力南亩，农人咸乐，胼胝以为；酉畴士女，共祝丰年，仓箱有庆。俯仰有资辟荷雨化照临之德，共沐凭慈下逮之恩。俟秋季收割完备，虔具香楮宝烛之仪，酬答神恩。信等无激切瞻仰之致，谨表以闻。

清代莲麻坑求雨成功、普降喜雨之后，还会举办酬神谢雨仪式，诚惶诚恐感谢玉皇大帝恩德。

链接:《叶吉崇帖式》之《谢雨表》

伏以

神恩高厚，品物皆沾化雨。圣泽旁周，黎民共沐深仁。诚心即应，咸佩须酬 御前。□处□位□尊神，坐镇四境山川，俯视一方民物。灵光赫濯，会东南近海之龙神，共掌山河，云行雨施，同社稷保障之土主，均分造化。

今据大清国广东道□府□州□县□都□约□围□阳民信士□等，于本年□月□日，因旱魃日甚，滴雨无施，禾黍悉遭枯槁，赋税诚恐无收。是以诚惶诚恐，冒于□神御前，随叩甘霖立沛，转福除凶。固已风风我我，雨我霢霂之膏泽，四野感被，耦耘之在望，几度皆青。虽不及舜世大有之歌，亦可靖待毙之民生，救枯苗之得遂。故前所许香楮、烛帛、刚鬣、牲牷之仪，信等倡集同人，于本月□日，诚惶诚恐，稽首叩首，上干□尊神位前，酬还以报景福，以广凭恩。伏乞转奏玉皇上帝殿前，钧销金牌，赛还前愿。信等再叩余恩。高田有涸彻之欢，底原仍未足之施，惟冀敕令雷公霓母、风伯雨师，顷下滂沱大

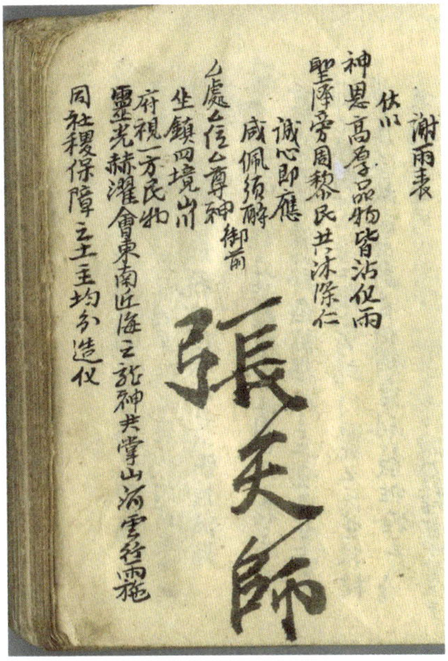
谢雨表
伏以
神恩高厚品物皆沾化雨
聖澤旁周黎民共沐深仁
誠心即應
感佩須酬
御前
ム處ム住ム尊神
坐鎮四境山川
府視一方民物
靈光赫濯會東南近海三龍神共掌山河雲行雨施
同社稷保障三王均分造化
張天師

《叶吉崇帖式》中的《谢雨表》

雨。夏秋之穗穟堪收。崇朝密布风云，妇士之媚依悉赖。信等无任沾恩，激切屏营之致。谨疏。

谢以闻。

天运□年□月□日稽首顿首百拜上申

● 习俗

婚嫁习俗 旧时，莲麻坑村民的婚姻嫁娶多是盲婚哑嫁，男女双方由亲戚朋友介绍，婚姻取决于“父母之命、媒妁之言”。莲麻坑村女子会嫁到附近的客籍乡村，嫁进莲麻坑村的女子亦多来自这些客籍乡村，各村村民之间的亲戚关系，又增加婚姻介绍的可能性。男女家首先要考虑双方的家世、门第、教育程度、社会背景是否相配，然后请人“夹八字”，看看男女双方的生辰八字是否相合。假如没有问题，还要经过三书六礼的繁文缛节方可成亲。

旧时在迎亲当天，莲麻坑村民都会使用客家花轿。新界其他客家村的花轿，在迎亲时会围上蓝色的围裙，莲麻坑村的花轿则没有，改贴“叶法诸公在此”和“麒麟凤凰在此”红纸挥春。村民叶理山 1944 年结婚，叶观保 1948 年结婚，叶祥友 1951 年结婚，都曾使用过客家花轿迎亲。花轿现存于香港文化博物馆。

大婚当日，新娘凤冠遮面，身穿裙褂。新郎穿着唐装，头戴礼帽（毡帽）。迎亲时，莲麻坑村会组织迎亲队伍，前往女方村庄。队伍前方由 8 个或 10 个童子拱彩旗，接着鼓手乐队。一路上敲锣打鼓，吹唢呐，烧炮仗，有的还会舞麒麟。基于“新婿不亲迎”的习俗，新郎不会随行，只有媒人婆、大妗姐伴随着轿子。迎亲队伍抵达新娘家后，会再次燃烧炮仗。新娘要向门踢三脚，再由兄长打开轿门让新娘上轿。

莲麻坑叶氏族人使用过的客家花轿

莲麻坑村有一个习俗，当新娘即将到村时，新郎要先一步坐上花轿，众人将其抬至村口下轿回家。若家中只有新郎是男丁，则要携灯回家，等候新娘过门。男子先坐花轿，表示希望先添男丁，而携灯回家，则表示希望有香灯继后。

迎亲队伍返抵男家时，会由村内的“多仔婆”[①] 去迎接新娘。接新娘的时候，要由新郎来踢轿门，一般是踢三下。若村中有未满月的男孩，需要铺一块红布毡在地上，让

① 多仔婆，即生下多名男丁的妇人。

1976 年 4 月 8 日，村民在莲麻坑村内举行婚礼

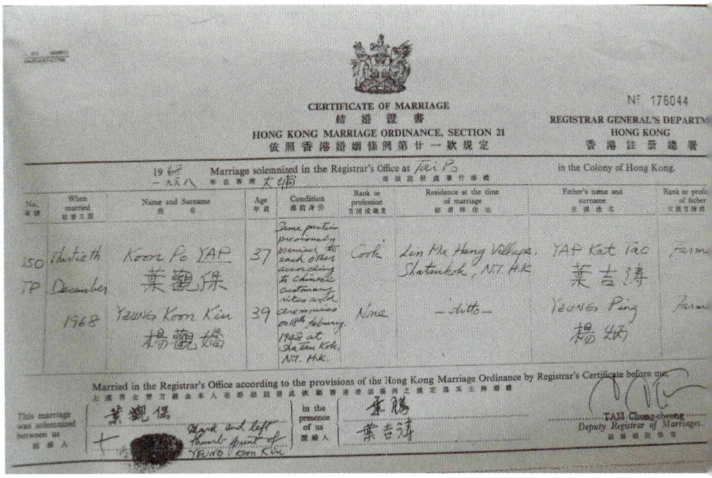

CERTIFICATE OF MARRIAGE
結 婚 證 書
HONG KONG MARRIAGE ORDINANCE, SECTION 21
依照香港婚姻條例第廿一款規定

Nº 176044
HONG KONG
香 港 註 册 總 署

1968 Marriage solemnized in the Registrar's Office at Tai Po in the Colony of Hong Kong.
一九六八 大埔

No.	When married	Name and Surname	Age	Condition	Rank or profession	Residence at the time of marriage	Father's name and surname
350 TP	Thirtieth December 1968	Koon Po YAP 葉觀保	37	Same parties previously married to each other according to Chinese customary rites and ceremonies on 18th February 1948 at Sha Tau Kok, N.T. H.K.	Cook	Lin Ma Hang Village, Shataukok, N.T. H.K.	YAP Kat Tao 葉吉濤
		YEUNG Koon Kin 楊觀嬌	39		None	—ditto—	YEUNG Ping 楊炳

Married in the Registrar's Office according to the provisions of the Hong Kong Marriage Ordinance by Registrar's Certificate before me,

This marriage was solemnized between us 結婚人: 葉觀保; Mark and left thumb print of YEUNG Koon Kin

in the presence of us 證婚人: 葉吉濤

TAM Chung-cheong
Deputy Registrar of Marriages.

1968 年叶观保伉俪补领的结婚证书

新娘一步一步踏进男家。新娘踏进男家前需要烧炮仗和跨火盆。

入门后新娘先在家中拜堂，一拜天地，二拜父母，然后夫妻互拜，接着要斟茶给长辈。然后，一对新人到祠堂拜祭祖先，过程中由礼生宣读祭文。清代莲麻坑的《成婚祭祖文》写道：恭惟我祖积德，流光佑启后人，被泽无疆。世孙择配，秦晋相当，吉日成婚。昭告于堂，礼行庙见，肃整梅妆。从此宜家宜室，永谐琴瑟调章。仗冀惟熊惟罴，早兆麟趾，呈祥螽斯，庆瓜瓞绵长。尚享。

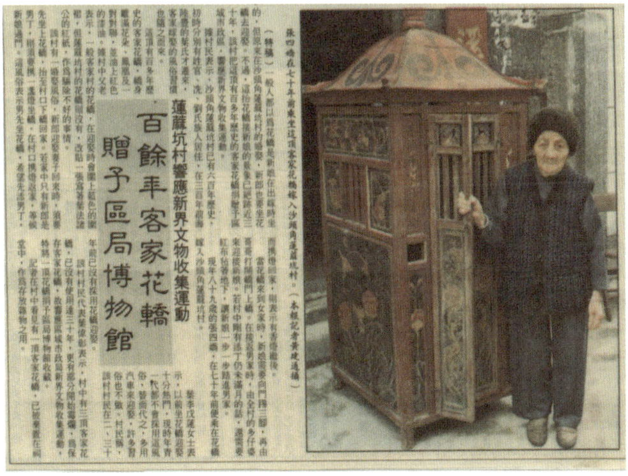

蓮蔴坑村響應新界文物收集運動
百餘年客家花轎贈予區局博物館

1993 年 4 月 28 日《华侨日报》关于莲麻坑客家花轿的报道（叶伟彰博士收藏剪报资料）

拜过祖先之后，男家会在祠堂前的空地摆酒席，通常一围 8 个人，延开数十席。村民皆会“做人情”[①] 祝贺。20 世纪 40 年代后期，大约是一人两元。酒席过后，是入洞房、闹洞房的环节。

村中最后一位坐花轿的新娘是万明英，她于 1969 年由

① 做人情，一个给新人的利是（红包），内含礼金。

叶祥安娶自香园围。自 20 世纪 70 年代开始，村内改用汽车迎接新娘。

丧葬习俗 莲麻坑丧葬习俗有一个显著特点，是盛行在客家地区广泛流传的“二次葬”。客家人“二次葬”习俗的形成，与历史上客家人被迫多次迁徙有关。这是为了迁徙时能带上先人骸骨远走他方，亦是处置迁徙途中死亡的亲人遗体的一种方式。

二次葬，即“二次捡骨葬”，亦称为“洗骨葬”。死者入土安葬 5 ~ 7 年，或更长时间后，家属会聘请“风水”先生选择阴宅地点和吉日，重新起出死者遗骸之残骨，贮放骨坛后再次安葬。第一次安葬时的选址、仪式等较为简单，待人体软组织完全腐烂和分解后，再打开棺罂、捡骨，用白酒洗净，然后按人体结构，脚在下、头在上、躯体装入陶罂（俗称“金塔”），盖内写上死者世系、姓名。

莲麻坑保留着客家人设置房冢，集体保存先人骨骸的习俗。例如，位于莲麻坑村 1913 年重修的叶氏“廷英公房冢”葬有 240 位先人的骨骸。

20 世纪 70 年代，莲麻坑村长叶胜向香港政府提出申请，将莲麻坑西面大坪的一块空地划为殓葬区。后来村民陆续在此殓葬区内建了许多被称为“阴城”或“荫城”（阴宅）的小房间，用以存放先人骨骸的金塔，并将此殓葬区称为太平荫城或大坪金城。

旧时，村中有人在家中去世，会在家中举行法事，然后将遗体移到葬区，以棺木下葬。到一定年期，家人为其进行二次葬。

链接:《叶吉崇帖式》之《丧礼三献式》

击鼓三通。响号三声。奏大乐。奏小乐。不孝子就位，孝孙俱就位，执事者各司其事。参神，鞠躬，拜。举哀。止哀。兴，拜。兴，拜。兴，拜。平身。盥洗。诣盥洗所。复位。诣香案前，拜。执事者进香，初进香，再进香，三进香。举瓶酌酒，酹酒。兴，平身，复位。

行初献礼

不孝子诣于清显考妣之神主前，拜。执事者举瓶酌酒、祭酒，初进爵，献果品，献齐。读哀章。执事者诣读祝位前，宣哀章。叩首，叩首，三叩首。兴，平身，复位。

行中献礼

不孝子诣于清显考妣之神主前，拜。执事者举瓶酌酒，再进爵，献熟食，献牲，献刚鬣，献柔毛。叩首，叩首，六叩首。兴，平身，复位。

行三献礼

不孝子诣于清显考妣之神主前，拜。执事者举瓶酌酒，三进爵，献饭，献羹，献财帛，献茗、侑食。叩首，叩首，九叩首。兴。焚哀章，化财辞神。鞠躬。凡四拜平身。礼毕。撤馔。

祭毕，礼生手执酒杯，在柩例前而歌曰："灵辆既驾，往迹幽盟，载陈献礼，永訣终天。"将杯酒泼于柩上，即挺走，不回领。

进入21世纪后，村民离世，遗体会暂存于医院殓房，等待有关方面发出死亡证。其后人会委托殡仪馆代办善后事宜，一般会采用道教仪式安排后事。

因为莲麻坑村民是原居民，享有特别的殡葬权，即其遗体可以土葬方式安葬在村中葬区，由主持殡葬仪式的道长择日下葬。出殡前一天，先人遗体会由医院殓房移送到殡仪馆，整理仪容，入棺。晚上进行诵经、超幽、化宝等道教仪式。第二天，举行祭祀、瞻仰、大殓等仪式。仪式结束后，会将棺木移出殡仪馆，送回村中葬区，由道长在现场举行简单仪式，最后入土为安。

如果逝世的先人为男性，而且年逾六十，会举行一个"上神台"仪式。当先人下葬后，一众子孙即返回村中宗祠，举行仪式。祭案和神台之间搭一纸桥，在"喃呒师傅"（负责诵经的法师）引领下，子孙小心翼翼把先人木牌位捧过纸桥，送上神台。"喃呒师傅"会用掷杯形式，得祖先同意，将先人列入宗祠，供后人奉祀。

村中葬礼有"点主"仪式。先人下葬后，逝者为男性，一众子孙即返回村中宗祠，由逝者的长辈主持"点主"，分别用蘸有红、黑颜色的毛笔在其木主牌位上点画，并念出"点主"字句，借以庇荫后人。逝者为已婚女性，其夫仍健在，则需待其夫去世后一并举行仪式。

葬礼结束后，主家会请"解秽酒"或"英雄饭"，以答谢各位亲友到场致祭。到此，丧礼仪式正式结束。

祭祀　节庆

春秋二祭　春秋二祭是莲麻坑村重要的传统习俗。旧时每年的春分及秋分当日，叶氏族人会带香烛祭品，到祖先墓地祭拜，以表“慎终追远”之意。随着时代变迁，村民陆续迁到市区居住，春秋二祭改在春分及秋分后的星期日举行，方便各房兄弟回村祭祖。

祭祀当日上午十时，一众叶氏族人会先在叶氏祠堂拜祭，然后分批前往各祖先的墓地拜祭。距离近的可沿山路步行前往，较远的需要乘车。叶氏家族的妇女留在村中，准备客家炆猪肉和米饭供午餐之用。大约下午一时，祭祖队伍会返回宗祠用午餐，祭祖活动宣告完毕。

叶氏家族枝叶繁衍茂盛，春秋二祭当天只能集体拜祭辈分最高的几位祖先。其余各房的子孙后世会另择吉日拜托各房祖先。春秋二祭当日集体拜祭的祖先及其墓地分布如下：

鸣珂公位于罂窑（松园吓村背后）天平地窑，地形“猛虎擒羊”。鸣珂婆太彭氏位于水芋田对面山塘上面。思发公位于坪洋瓦窑吓面上蜈蚣地。思发婆太曾氏位于罂窑（松园吓村背后）天平地，在鸣珂公侧。思发婆太刘氏位于水芋田对面山塘脚盆地。思发婆太邱氏位于太平葬区山上，风水穴名“婴儿摇篮”。达波公位于龟湖上面。达波婆太杨氏位于横沥山猪窝。达滨公位于水芋田对面山，近刘婆太墓。达滨婆太李氏位于水芋田对面山。达滨婆太杨氏位于水芋田对面山。法诸公位于太平荫城（太坪金城）。叶太公（福德公）位于太坪廷聚公大地左面。

古时莲麻坑的春秋二祭仪式比较隆重，往往要宣读祭文，颂扬先祖功德。

如今莲麻坑春秋二祭仪式已简化，一般不再宣读祭文。祭祖时主要的程序是除草添土、放置祭品、焚烧宝牒和“金银衣纸”、上香奠酒、鞠躬拜祭、撇撒“溪钱”，然后用石块将“溪钱”压在墓碑或坟头。在墓地“食山头”的传统，改为返回莲麻坑后在祠堂用膳。

居住在市区或内地的刘氏、冼氏、张氏等莲麻坑村民，春秋二祭时会返回莲麻坑祭祖。

新春同乐日 每逢春节，莲麻坑村会有多种贺年活动，如拜年、祭祖、开灯等。这些活动由村民自发进行。不少旅居海外的村民会返回村中欢度春节，因而莲麻坑村公所从2007年春节开始，发起“莲麻坑新春同乐日”活动（亦称“莲麻坑村春节联欢”），让村民聚首一堂，欣赏歌舞表演和享用美味的盆菜宴。

莲麻坑的春节联欢活动定于每年正月初一之后的第二个星期日。春节当日清早，麒麟队会敲锣打鼓到村中拜年。参拜过叶氏宗祠、刘氏宗祠、官氏宗祠和关帝宫后，麒麟

2013 年新春同乐日，麒麟队挨家挨户给村民拜年

2015 年 3 月 1 日，莲麻坑村春节联欢场景

队会挨家挨户为村民送上新春祝福。麒麟由一人舞动麒麟头，一人摆动麒麟尾，讲求两者配合默契，其他麒麟队成员负责敲锣打鼓。麒麟进门“采青”后，户主会给予红包奖赏。节庆时舞麒麟是客家人的传统习俗，相传可为每家每户带去祝福。

当日下午，莲麻坑村会举行盆菜宴，供应盆菜之余，还会以莲麻坑村民制作的“客家炆猪肉”招待宾客。盆菜宴举行期间，村公所会邀请歌星、武术高手、醒狮队、麒麟队表演助兴。莲麻坑村村长会与沙头角乡事委员会主席以及附近各村村长一起，登台向乡亲父老恭贺新年。

最初，新春同乐日在村中的游乐场举行，只延开数十席。后活动愈来愈受村民欢迎，参加人数也愈来愈多。自 2011 年起，春节联欢场地移至敬修学校足球场，盆菜宴

2017 年 2 月 5 日，郊野公园委员会主席、前警务处长邓竟成（左四）参加莲麻坑村春节联欢活动，并获赠香港版《莲麻坑村志》一书

由数十席增至一百多席。到2015年，参加春节联欢的人继续增加至175席，敬修学校足球场已不敷应用，还要使用敬修学校的篮球场。除居住于港九新界的各姓村民外，不少移居英国、马来西亚的莲麻坑乡亲回村参加春节联欢。莲麻坑这个常住人口不足100人的乡村，每年举办迎春活动时有2000多位乡亲和嘉宾出席联欢会。

◉ 传统美食

客家炆猪肉、鸡屎果、茶粿、咸茶等是莲麻坑民间的传统食品和饮品。

客家炆猪肉

客家炆猪肉 莲麻坑村举办新春同乐日、春秋二祭，以及类似叶定仕故居重修开幕典礼大型活动时，村民都会准备传统的客家炆猪肉。

烹煮可供成百上千人食用的客家炆猪肉

村民制作“客家炆猪肉”的过程

俗称鸡屎果的鸡矢藤茶粿

并非易事。活动当日清晨，村中妇女便要准备各种食材，包括新鲜猪肉、木耳、蒜蓉、豆豉、姜和果皮等，放入大约 10 个大锅和特制的炉灶里，利用大量柴枝和木块作为燃料生火。烹调时，将猪肉和配料，连同南乳（红腐乳）焖煮至香软嫩滑，再以酱油和酒调味，最后交由经验丰富的长辈尝味调校即成。分盆时，先放入木耳，后放上味浓香溢的炆猪肉。根据习俗，第一盆炆猪肉会用来敬奉神明和祖先。

鸡屎果 鸡屎果是莲麻坑村民喜爱的一种小食，主要原料为鸡矢藤。鸡矢藤也叫鸡屎藤，为茜草科鸡矢藤属植物，以根或全草入药。喜欢生长于气候温热、潮湿的灌木丛中，生命力很强。因为叶子用手揉烂后，最初会有一股鸡粪的气味，所以才有“鸡屎藤”这个不雅的名字。其实鸡矢藤之后会散发一股沁人肺腑的清香。它具有祛风除湿、消食化积、解毒消肿、活血止痛等功用。

清明前后，鸡矢藤生长最盛，客籍妇女会于此时采摘，将其嫩叶捣碎，搓成细粉，再用等份糯米粉及黏米粉，加入炒香的花生、糖，搓成鸽蛋般大小。然后，将 5 ~ 6 粒放在一块俗称为茶果叶的血桐叶上，蒸 20 分钟左右即可食用，就是村民喜爱的鸡屎果。由于此种食物多在清明前后享用，亦有人称为“清明果”或“清明仔”。

茶粿 茶粿分为咸、甜两种，主要材料是一种名为清明叶的树叶。将树叶以水煮熟，切碎后加入糯米粉、糖、花生或盐，搓成饼状，蒸熟后即可食用。每逢年节，莲麻坑村民会制作这些传统食品用以奉神、款客或自用。

莲麻坑村民用糕板等传统客家食品招待宾客（2011 年）

咸茶　客家人有清明制咸茶的习俗。旧时莲麻坑村民会上山采集白背叶，放在牙钵，用木杵搅拌捣碎，加上炒香的花生及适量的精盐，然后用水冲泡制成可供 4 ~ 6 人饮用的咸茶以此招待客人。还有一种以“百草”制成的清明咸茶有药用功效。时至今日，村民仍会上山采集“百草”（多种草药），而且相信清明时节采回来的百草是最好的。他们洗净百草后，先捣碎并晒干，后加入盐等放在瓮缸内腌渍，再取出放入樽内密封贮存。村民身体不适时，会将百草加盐制成咸茶饮用，相传可清热和治疗一些轻微的病症。

方言

客家人十分重视自己的语言文化，有“宁卖祖宗田，莫忘祖宗言；宁卖祖宗坑，莫忘祖宗声”之说。莲麻坑这个客籍村庄亦是如此。

发音　莲麻坑村民根据中国社会科学院语言研究所的《方言调查字表》（2011 年版）读出乡音，其中的声母和韵母，用拉丁字母表示。文中的拼音也采取拉丁字母拼音（似普通话的拉丁字母拼音）。

莲麻坑客家话共有 18 个声母。

莲麻坑客家话声母表

表 10

发音方法		发音部位					
		双唇	唇齿	舌上	舌头	舌根	喉
塞音	不送气	b	—	—	d	g	—
	送气	P	—	—	t	k	—
鼻音		m	—	—	n	ng	—
边音		—	—	—	l	—	—
塞擦音	不送气	—	—	dz	—	—	—
	送气	—	—	ts	—	—	—
擦音		—	f	s	—	—	h
半元音		w	—	y	—	—	—
零声母		ф					

莲麻坑客家口音中重唇音保留得很好。如“返头婆”的返念“ban”，不念“fan”；“煎封豆腐”的封，不念“fung”，仍念“pung”；舞、晚，普通话分别念轻唇的“wu”“wan”，但村民仍念重唇的“mu”和“man”。又如知保留舌头音，读“di”，

不像普通话或粤语读“dzi”；掇读“dot”，普通话读“duo”，但粤语转读“dzyt”。飞可读“bui”又可读“fui”，是重唇向轻唇转化中的明证。

莲麻坑客家话韵母共有 42 个。

莲麻坑客家话韵母表

表 11

元音	韵类								
	阴声			入声			阳声		
u	u	—	—	uk	ut	—	ung	un	—
o	o	—	oi	ok	ot	—	ong	on	—
a	a	au	ai	ak	at	ap	ang	an	am
e	e	—	—	—	—	ep	—	—	em
i	i	iu	io	—	it	ip	—	in	im
$i^{\#}$	ia	iau	—	iak	iat	iap	iung iong iang	ian	iam
ng	—	—	—	—	—	—	ng^{*}	—	—
m	—	—	—	—	—	—	m^{*}	—	—

表中的 $i^{\#}$ 是介音，而不是主元音。它右列的相关韵母，都有介音作韵头，和第三列的韵母（ai 除外），另加一、二列的 ung，ong 相对应。如若（ngia），娇（giau），籴（diak），得（diat），贴（diap），恭（giung），香（hiong），镜（giang），千（tsian），兼（giam）。iak，iat，ian 的发音，实际如 ek，et，en。另外，iap 发音如贴字的韵；ep 发音如“ɸ ep”药的韵。

第五列的 i 是主元音。第一行的 u 也是主元音，不是介音。整体来说，莲麻坑客家话只有一个介音 i，没有 u 和 ü 。

莲麻坑客家话的声调共有 8 个。

莲麻坑客家话声调表

表 12

阴阳声调	调类			
	平	上	去	入
阴声调	阴平 ^{1}	阴上 ^{2}	阴去 ^{3}	阴入 ^{7}
阳声调	阳平 ^{4}	阳上 ^{5}	阳去 ^{6}	阳入 ^{9}

表中上标字是该声调的代号。这些代号与粤语声调的代号一致，由于新界客家话没有中入声，所以没有第 8 调。

词语 词语特色方面，莲麻坑客家话的词语和新界其他乡村客家话大致相同，除保留有很多古词、古音（上标#表示）以外，也有一些独有的特色（上标*表示）。

莲麻坑话常用词语表

表 13

类别	普通话	广府话	莲麻坑话	拼音
日常生活	聊天	聊天	聊天 / 闲谈	da^{2}nga^{4}gau^{3}/ han^{4}tam^{4}
	争吵	闹交	骂交	ma^{3}gau^{2}
	打架	打交	打交	da^{2}gau^{3}
	门闩	门闩	门栊#	mun^{4}lung^{3}
	床	床	眠床#	min^{4}tsong^{4}
	睡觉	瞓#觉	睡目	soi^{3}muk^{7}
	烤火取暖	围火取暖	炙#火暖	dzak^{7}fo^{2}non^{5}
	烟囱中的煤屑	（找不到对应词）	火吊煤	fo^{2}diau^{3}moi^{4}
	洗澡	冲凉	冲凉	tsung^{1}liang^{4}
	回家	返屋已#	转屋已#	dzon^{2}wuk^{7}ka^{1}
	上班	返工	返工	fan^{1}gung^{1}
	下班	放工	放工	fong^{3}gung^{1}
	洗脸	洗面	洗面	se^{2}mian^{3}
	起床	起身	亢#身	hong^{3}sin^{1}
衣服穿戴	穿衣	着衫	着#衫	dzok^{7}sam^{1}
	汗衫	笠衫	笠衫	lap^{7}sam^{1}
	衬衣	恤衫	恤（shirt 的音译）衫	sut^{9}sam^{1}
	棉袄	棉衲	棉衲# / 袄#婆	mian^{4}lap^{7}/ ϕau^{6}po^{4}
	衣服	衫	衫	sam^{1}
	缝（衣服）	联	联	lian^{4}
	褪色	甩色	甩色	lot^{7}siat^{7}
	项链	颈链	颈链	giang^{2}lian^{3}
	领带	领呔	领带	liang^{1}tai^{3}
	镯子	鈪	（手）鈪	（siu^{2}）ϕak^{7}
	手套	手袜	手袜	siu^{2}mat^{7}
称呼	男孩	男仔	老弟仔	lau^{6}tai^{5}dzai^{2}
	女孩	女仔	妹仔	moi^{3}dzai^{2}
	外公 / 外婆 姥爷 / 姥姥	阿公 / 阿婆	姐公# / 姐婆#	dzia^{2}gung^{1}/po^{4}
	爷爷 / 奶奶	阿爷 / 阿嫲	阿公 / 阿婆	ϕa^{1}gung^{1}/po^{4}
	姑姑 姑母	姑姐 / 姑妈	姑仔 / 大姑	gu^{1}dzai^{2}/tai^{3}gu^{1}
	舅舅	舅父	舅仔 / 大舅	kiu^{5}dzai^{2}/tai^{3}kiu^{5}
	姨母	阿姨 / 姨妈	姨仔 / 大姨	yi^{4}dzai^{2}/tai^{3}yi^{4}

续表 13

类别	普通话	广府话	莲麻坑话	拼音
称呼	儿子	仔	隶#子	lai$^{3\#}$ dzu^{2}
	男人	男人	佬哥	lau^{6}go^{1}
	女人	女人	妇#娘	bu$^{5\#}$ ngiong^{4}
	老太太	伯爷婆	婆头	po^{4}tiu^{4}
	继父	后父	后父	hiu^{3}fu^{3}
	继母	后仔毑	返头婆*	ban$^{1\#*}$ tiu^{4}po^{4}
	儿媳妇	新妇〔sam^{1}pou^{5}〕	新妇#	sim^{1}kiu$^{5\#}$
	重孙	塞	息#（仔）	siat^{7}dzai^{2}
	小孩	细老（音细路） 小朋友	细老哥 / 细晚仔	se^{3}lau^{6}go^{1}/ se^{3}man^{5}dzai^{2}
	母亲	阿妈	娭# / 妈	ɸ oi^{1}/ma^{1}
	婶母	阿婶	叔〔咩〕(仔)	suk^{7}me^{5}（dzai^{2}）
	伯母	伯娘	伯〔咩〕*	bak^{7}me^{5}
	外地人	外来人	外〔定〕人	ngoi^{3}tang^{3}ngin^{4}
	苦力	咕喱（coolie 音译）	咕哩	gu^{1}li^{5}
	小偷	贼仔	贼仔	tsiat^{9}dzai^{2}
	男乞丐	乞衣	攞食佬	lo^{1}sit^{9}lau^{6}
	女乞丐	乞衣婆	攞食婆	lo^{1}sit^{9}po^{4}
	妓女	老举	老妓#（音同举）	lau^{6}gi^{6}
	老处女	老姑婆	老姑婆	lau^{6}gu^{2}po^{4}
	色鬼	咸湿佬	咸湿鬼	ham^{4}sip^{7}gui^{2}
	丈夫	老公	老公	lau^{6}gung^{1}
	妻子	老婆	老婆	lau^{6}po^{4}
天文、地理、时间	天亮	天光	天光	tian^{1}gong^{1}
	太阳	热头	日头	ngit^{7}tiu^{4}
	月亮	月光	月光	ngiat^{7}gong^{1}
	下雨	落雨	落水	lok^{9}sui^{2}
	下大雨	落大雨	落大水	lok^{9}tai^{3}sui^{2}
	下小雨	落雨毛	落水仔	lok^{9}sui^{2}dzai^{2}
	水坑	水窖#〔tm^{5}〕	湖窖#	fu^{4}dam^{4}
	凉水	冻水	冷水	lang^{5}sui^{2}
	彩虹	彩虹	天弓	tian^{1}giung^{1}
	打雷	行雷	雷公叫	lui^{4}gung^{1}giau^{3}
	闪电	闪电	火蛇摄#	fo^{2}sa^{4}ngiap^{7}
	刮台风	打风	打风揌#	da^{2}fung^{1}tsai^{2}
	溪流	水溪	坑沥	hang^{1}lak^{7}
	小而高的山脊	小而高的山脊	山岘#	san^{1}gian^{3}
	山岭	山岭	岭冈	liang^{5}gong^{1}
	污水沟	沟渠	腐沥坑*	fu^{3}lak^{7}hang^{1}

续表 13

类别	普通话	广府话	莲麻坑话	拼音
天文、地理、时间	明天	听日	明朝日	min^{4}dzau^{1}ngit^{7}
	昨天	寻日	〔蚕〕尾日*	tsam^{4}mui^{5}ngit^{7}
	下午	下昼 晏昼	下昼 晏昼	ha^{5}dziu^{3} ɸan^{3}dziu^{3}
	晚上	夜晚	夜晚辰	ya^{3}man^{5}sin^{4}
	白天	日头	日辰头	ngit^{7}sin^{4}tiu^{4}
	哪天	边日	那日	nai$^{3\#}$ ngit^{4}
	多久	几耐	几久	git^{7}giu^{2}
	整天	成日	成日	sang^{4}ngit^{7}
	现在	而家	今下*	din^{1}ngia^{3}
	刚才	头先	占先*	Dzam^{3}sian^{1}
	立刻	即刻	即刻	dzit^{7}kiat^{7}
位置、代词	上面	上面	顶高	dang^{2}gau^{1}
	下面	下面	下背	ha^{5}boi^{3}
	里面	里面	兜背*	diu^{5}boi^{3}
	外面	出便	出边	tsut^{7}bian^{3}
	屋顶	瓦背顶 / 屋顶	瓦背顶	nga^{6}boi^{3}dang^{2}
	天空	天	天顶	tian^{1}dang^{2}
	别处	第二度	第二定	ti^{3}ngi^{3}tang^{3}
	这里	呢度	这定*	ngia^{6*} tang^{3}
	那里	果度	该定	ɸai^{3}tang^{3}
	哪里	边度	那定	nai^{3*} tang^{3}
	我	我	我	ngai$^{4\#}$
	你	你	汝#	ngi$^{4\#}$
	他	佢（本作渠）	其#	gi^{4}（本音渠 ki^{4}）
	我们	我哋	吾堵#	nga^{5}diu$^{5\#}$
	咱们	我哋	我里	ngai^{4}di$^{5\#}$
	你们	你哋	若堵#	ngia^{5}diu$^{5\#}$
	他们	佢哋	其堵#	gia^{5}diu$^{1\#}$
	我的	我口既	吾（个）#	nga^{5}（gai^{3}）#
	你的	你口既	若（个）#	ngia^{5}（gai^{3}）#
	他的	佢口既	其（个）#	gia^{5}（gai^{3}）#
	这些	呢啲	这堵#	ɸia^{6*} diu$^{5\#}$
	那些	果啲	该堵#	（g） ai^{3}diu$^{5\#}$
	哪些	边啲	那堵#	nai^{3}diu$^{5\#}$
	谁	边个	那〔虾〕人	na^{3}ha^{4}ngin^{4}
	什么	乜嘢	么个	mak^{7}gai^{3}

续表 13

类别	普通话	广府话	莲麻坑话	拼音
身体及相关词语	脸	面	面钵	mian^{3}bat^{7}
	鼻子	鼻哥	鼻公	pi^{3}gung^{2}
	头	头壳	头脑壳	tiu^{4}la^{5}hok^{7}
	舌头	脷	脷嫲	li^{3}ma^{4}
	下颚、下巴	下颚、下巴（音爬）	下颔	ha ^{5}ngam^{5}
	耳朵	耳（仔）	耳结	ngi^{6}git^{7}
	小拇指	手指尾	尾攋指*	mui^{5}lai^{1}dzi^{2}
	腹、肚子	肚	肚胈#/ 肚屎*	du^{6}pat^{9}/ du^{6}si^{2}
	中指	中指	中指	dung^{3} # dzi^{2}
	大腿	大髀	大髀	tai^{3}bi^{2}
	脚跟	脚踭	脚踭	giok^{7}dzang^{1}
	小腿	脚瓜囊	脚棱肚	giok^{7}lang^{4}du^{6}
	胳肢窝	胳肢窝	肋坼下	lak^{9}tsak^{7}ha^{5}
	皮垢	老泥	〔万〕	man^{3}
	粪便、屎	屎	痢肚	li^{3}du^{6}
	痱子	热痱	热痱	ngiat^{9}mui^{3} #
	泪水/眼泪	眼水/眼泪	眼汁	ngan^{6}dzip^{7}
	（鞭后遗下的）伤痕	棱	棱	lang^{4}
	颧	颧	面珠墩	mian^{3}dzu^{1}dun^{1}
动作	喊叫	嗌	喊	hem^{5}
	哭	喊	叫	giau^{3}
	蹲	猫	踞#	kiu^{4} #
	站	跂	跂	ki^{5}
	找	搵	寻	tsim^{4}
	收拾	执	检	giam^{2}
	打呵欠	打喊怒	掰#〔懦〕*	mak^{7}no^{3}
	（头上）顶着	顶着	〔冬顶〕*	dung^{1}din^{2}
	作梦	发梦	发梦	bot^{7} # mung^{3}
	生疮	生疮	发痤#	bot^{7} # tsoi^{4}
	腮腺发炎	得腮腺炎	发猪头皮	bot^{7} # dzu^{1}tiu^{4}pi^{4}
	哮喘	扯虾	扯‘疒盍’*	tsa^{2}hap^{7}
	怀孕	有身已	駄到人/ 有身已	to^{4}dau^{2}ngin^{4}/ yiu^{5}sin^{1}gi^{2}
	（一起）玩耍	（一齐）玩	搅	gau^{2}
	闲谈嬉戏	闲谈嬉戏	嫽#	liau^{3} #
	挑（担子）	担	〔楷〕	kai^{5}
	掮在肩上	（找不到对应词）	掼#	kan^{3}
	打躬作揖（拜神）	打躬作揖（拜神）	唱喏#	tsong^{3}ya^{5} #

续表 13

类别	普通话	广府话	莲麻坑话	拼音
动作	翻跟斗	打筋斗	打定斗*	da^{2}din^{3}diu^{2}
	不等迟到人而准时吃了饭	（找不到对应词）	磨开豆腐*	mo^{4}hoi^{1}tiu^{3}fu^{3}
	一种拍打手板的游戏	（找不到对应词）	打跛*	da^{2}bai^{1}
	赢钱后提早离场	割禾青	石鸡*	sak^{9}gai^{1}
	曲着指头敲头	（找不到对应词）	打疙凿*	da^{2}gat^{7}tsok^{9}
	游泳	游水	打□□*	da^{2}bin^{4}bong^{4}
	旁观别人扫墓，希望人家可以分一些饼食或给利是	旁观别人扫墓，希望人家可以分一些饼食或给利是	打眺望 / 打饼仔*	da^{2}diau^{3}mon^{3}/ da^{2}biang^{2}dzai^{2}
	械斗	开片	打家伙	da^{2}ga^{1}fo^{2}
	躲藏	匿埋	屏#	biang^{3}
	走	行	行	hang^{4}
	跑	走	飞*	fui^{1}/bui^{1}
	丢弃	〔抌〕	拂	fut^{7}
	扔	擗	擗	piak^{7}
	抛	抛	横	wang^{3}
	溢出	满泻	濆#唇	pun^{4}sun^{4}
	（饮食时）漏嘴	（饮食时）漏嘴	漏颏#	liu^{3}goi^{1}
饮食	伙食	伙食	食用	sit^{9}yung^{3}
	锅巴	饭焦	饭瘌	fan^{3}lat^{7}
	粉丝	粉丝	蒸丝*	dzian^{1}su^{1} *
	油条	油炸〔鬼〕	油炸〔鬼〕	yiu^{4}dza^{3}gui^{2}
	做菜	煮餸	煮菜	dzu^{2}tsoi^{3}
	零食	零食	小口	siau^{2}hiu^{2}
	糕点的一种	茶果	粄#	ban^{2}
	鸭胗儿	鸭肫	鸭胗	ap^{7}kin^{1}
	腰子	猪腰	猪石	dzu^{1}sak^{9}
	吃火锅	打边炉	打边炉	da^{2}bian^{1}lu^{4}
	干杯	饮圣（一般作胜）	饮圣#	yim^{2}sin^{3}
	盛饭	装饭	舀饭	yau^{2}fan^{3}
	吃早饭	食早饭	食朝	sit^{9}dzau^{1}
	吃午饭	食晏	食昼	sit^{9}dziu^{3}
	吃晚饭	食晚饭	食夜	sit^{9}ya^{3}
动物、植物	（打种的）公鸡	鸡公	鸡公	gai^{1}gung^{1}
	（孵过蛋的）母鸡	鸡乸	鸡嫲	gai^{1}ma^{4}
	（普通）公鸡	生鸡	生鸡	sang^{1}gai^{1}

续表 13

类别	普通话	广府话	莲麻坑话	拼音
动物、植物	（普通）母鸡	鸡项	鸡僆	gai^{1}lon^{3}
	猴子	马骝	猴哥 / 马骝（仔）	hiu^{4}go^{1}/ ma^{5}liu^{4}（dzai^{2}）
	蝙蝠	蝠鼠	飞鼠	fui^{1}tsu^{2}
	臭虫	木虱	干蜫#	gon^{1}bi^{1}
	青蛙	田鸡	虾蟆#	ha^{4}ma^{4}
	蚯蚓	蚯蚓	虹蠔#	fung^{4}hian^{6}
	水母	白蚝	水囊头*	sui^{2}long^{4}tiu^{4}
	鸟儿	雀仔	鸟仔	diau$^{5\ \#}$ dzai^{2}
	小母牛	牛牸	牛牸#	ngiu^{4}tsi^{3}
	母牛	牛乸	牛嫲	ngiu^{4}ma ^{4}
	雄牛	牛牯	牛牯	ngiu^{4}gu^{2}
	南瓜	南瓜	金瓜	gim^{1}ga^{1}
	茄子	矮瓜	矮瓜	ai^{2}ga^{1}
	柿子	脸柿	脸柿	nem^{4}se^{4}
	柚子	禄柚	禄仔	luk^{7}dzai^{2}
	西红柿	西红柿	西红柿	fan^{1}kio^{4}
	红薯	地瓜	地瓜	fan^{1}su^{4}
	生菜	生菜	麦#仔	mak^{7}dzai^{2}
	荔枝	荔枝	荔果 / 枝	lai^{5}go^{2}/dzi^{1}
	番石榴	番石榴	菝#仔	pat^{9}dzai^{2}
	水瓜	水瓜	〔刺〕*瓜	tsi^{3}ga^{1}
副词、量词、形容词等	（走路）快	（行路）快	遽#	giak^{7}
	要	要	爱	ɸ oi^{3}
	不要	唔要	唔爱	m^{5} ɸ oi^{3}
	要不要	要唔要	爱唔爱	ɸ oi^{3}m^{5} ɸ oi^{3}
	别（不要）	唔好	唔好	m^{5}hau^{2}
	随随便便	是是但但	是是但但	si^{3}si^{3}tan^{3}tan^{3}
	终于	终于 / 卒之	卒之#	dzut^{7}dzi^{1}
	反正	横店	横申#	wang^{4}tiam^{3}
	从小	自细	自细	tsu^{3}se^{3}
	一块钱	一蚊 / 一蚊鸡	一蚊 / 一只花边	yit^{7}mun^{5}/ yit^{7}dzak^{7}fa^{1}bian^{1}
	一座桥	一度桥	一度桥	yit^{7}tu^{3}kiau^{4}
	吃过饭	食咗饭	食开饭	sit^{9}hoi^{1}fan^{3}
	干净	干净	伶俐	lang^{4}li^{3}
	胖	肥	肭#	niap^{7}
	宽	阔	阔	fat^{7}
	累	攰	攰	koi^{3}

续表 13

类别	普通话	广府话	莲麻坑话	拼音
副词、量词、形容词等	顽皮	百厌	百厌	bak^{7}yam^{3}
	机灵	醒目	醒目	siang^{2}muk^{7}
	锋利	利	快	fai^{3}
	有本事	有本事 / 叻	能大	nian^{4}tai^{3}
	十三点	少块润（猪肝） 蒸生瓜	三八	sam^{1}bat^{7}
	傻呆呆的	傻傻地	三条五*	sam^{1}tiau^{4}ng^{6}
	一次	一次	一罢	yit^{7}bai^{2}
	（一）个（人）	（一）个（人）	（一）只（人）	dzak^{7}
	喻没识见	喻没识见	山精	san^{1}dzin^{1}
	黑色	黑色	乌色	wu^{1}siat^{7}
俗语	狗咬狗	狗咬狗骨	狗争屎食	giu^{2}dzang^{1}si^{2}sit^{9}
	一塌糊涂	一塌糊涂	猫搲糍粑*	miau^{3}ya^{2}tsi^{4}ba^{1}
	（形容男人懒惰）	饿死老婆 熏臭屋	饿死老婆 睡烂席*	ngo^{3}si^{2}lau^{6}po^{4} soi^{3}lan^{3}tsiak^{9}
	（形容女人懒惰）	（无对应的语言）	饿死老公 钳槛板*	ngo^{3}si^{2}lau^{6}gung^{1}kiam^{4}dian ^{3}ban^{2}
	（形容人 衣着不整齐）	（无对应的语言）	着鞋唔着袜， 似三八*	dzok^{7}hai^{4}m^{5}dzok^{7}mat^{7},tsi ^{3} sam^{1}bat^{7}
	（形容人 衣着不整齐）	（无对应的语言）	上纽搭下纽，似阿斗 / 似阿排*	song^{3}niu^{2}dap^{7}ha^{5}niu^{2},tsi^{3}a ^{1} diu^{2}/ tsi^{3}a^{1}pai^{4}

趣语　今日的莲麻坑村人口以叶姓最多。叶姓开基祖是来自螺溪的达波祖。螺溪叶姓族人的祖先则是先到广东梅县，然后才至广东东部陆丰螺溪的。因此，莲麻坑村民所说的客家话属于汉语客家支系的新惠腔，口音和新界其他客家乡村的客家话差不多，从中仍可以找到汉语古音、古词的许多痕迹。

莲麻坑村民之间往来，或与新界其他客家村、客家人沟通时，通常都会使用对他们而言更为亲切的客家话。时至今日，除少量年老的女性村民外，莲麻坑村民多能讲广府话，他们在香港与非客家人交流时会使用大家都懂得的广府话（广州话）。

莲麻坑村民口中有几句有趣的方言，可反映出莲麻坑与新界其他客家村语言上的细微差别，亦反映出该村独特的历史文化。客家话有称“姊”为“姐”，称“外婆”为“姐婆”的。莲麻坑人则称“姊”为“娘”，如称“某姊”为“某娘”；“伯娘”则称为“伯咩”。

有一句趣语是村内有人说笑，“烂粪冈，做祠堂”。昔日叶达波在村里当佃农，刻苦耐劳，为人又老实，受到一位堪舆师青睐。堪舆师离开村子前，吩咐他成家时，只要求东家赠送粪冈（厕所）作住所，然后改建成祠堂。后来，叶达波如愿以偿，果然家山有发，子孙兴旺。

另一句是“无阿公（祖父），娶阿婆（祖母）”。当年一位行乞的妇人到莲麻坑村乞食，村民多不理她，只有叶达波对她和蔼可亲，并加以接济。后来，叶达波认她为母亲，收养在家。此时达波祖之父思发公已去世多时，故有此说。该妇人靠行乞度日，但省吃俭用，积蓄了不少财物。临终时，她将所有财物移交达波祖。他有了那些财富，创立了家业，子孙繁衍下来，成为村中的主要人口。

静谧莲麻坑

艺文杂记

艺文杂记中的告示、诗歌、对联、仪礼应用文等，多数选自清朝时期的《叶吉崇帖式》。帖式是民间保存的手抄本文献，反映传统文化在乡村流传的情况。

诗歌

咏莲溪洞乡名

仁里莲麻一路通，桃源洞里恍相同。
三杯酒酌新坡内，塘肚山连横径中。
蝶到狗岩游石印，人寻对面访邻翁。
回亥新屋高排下，眺望红花虎顶颂。

咏盐田洞乡名

盐田烟火万家庄，西岭沙亥隔水塘。
鸭屎培园龙眼茂，石亥鳞砌沙岗长。
屯围坎地居同井，小莆离方处一乡。
更喜朝阳鸣凤哕，红女凹背出胶庠。

咏鹿颈洞乡名

鹿颈邻居第一家，云横山脚作屏遮。
南涌水绕遥为美，鸡谷声灵近足嘉。
石板朋来谈旧好，木桥人去想情赊。
老龙岂困中田在，甲子年来喜岁华。

久晴望雨

农亥终日怨晴天，望切引岭处处弦。
沟涸大田何日播，穹苍阴雨几时宣。
云凝共举机先导，红起常惊晶复悬。
早布甘霖及万井，民间稽首诵尧天。

为戒洋烟词

咨嗟曩昔溺洋烟，虚负我生有用年。
独恨当初情放荡，始愁今日志推迁。

安排拆臂澐心地，拨转迷头复性天。
五内重修闲意马，歧途犹恐蹈前愆。

为戒嫖赌作一律

嫖赌原来大雅羞，吾侪何事尚堪求。
家藏万石经霜变，空有千金付水流。
船到江心思补漏，人逢苦处叹前头。
古今多少英雄者，骨髓埋沉在翠楼。

聊占东海竹枝词

丢却麻蓝去打螺，裙拖六幅水凌波。
相逢问尔谁多少，只为贪鲜带奈何。

姑嫂同群下海滨，巫山云鬓一番新。
归来烹调螺生熟，慰我良人敬且怜。

三月春耕娘莳苗，桃容端的柳眉娇。
双双玉臂惊坭秽，六幅罗裙到摄腰。

风俗相传遍海东，捡螺不是卖花同。
夫君怒嗔归何晚，沽酒交杯解笑容。

春耕三月莳田秧，盐水泞坭累女娘。
丰背裤长争摄裙，偷窥同伴笑倾肠。

潮退江头土产螺，拖泥带水赛篮多。
妾归剖出晶莹肉，郎话美酣少酒和。

读昌兴诗有感

昌兴叔年方四十，发奋读书，作有自励诗一首。余读其诗，不觉有感而作一绝。时余年廿岁。

观此诗兮志气雄，何愁造道不成功。
世间虽有诗人笔，独鲜诗人惕励衷。

壁上题一绝

昌培叔在果园教读。偶到其馆。门外无人。惟有书声袅袅。遂作一绝，题于壁上而去。

我来贵馆寂寥寥，半掩柴扉未敢敲。
惟有书声听不罢，潜身移步出花稍。

挽应采伯公

道光二十一年八月二十九日首七挽，享寿七十九岁。

八十年来德隐光，于今论定觉昭彰。
前徽且把诗书继，后学还将奖励扬。
晚岁留心经史府，生平无意是非场。
虽然学饱难尝愿，诰紫焚黄俎豆香。

挽熙教诗并序

叔自振铎以来，受业门墙者，惟侄居多。亲见行谊者，惟侄最悉。凡叔嘉言懿行，堪为吾辈之仪型者，难以枚举。总宜长享遐龄，接渊源以不坠；所当永锡难老，传家学以无穷。奈何年将强仕，遂尔召促玉楼。一旦楷模永息，步趋无从。故为之迎风而长哭，临文而嗟悼云。

共受业十年，几多苦志裁成。

回首追随一十年，十年善育德无边。
渊源久坐春风下，家训难沿化雨前。
道范遥寻青冢地，荒烟凭吊夕阳天。
诗成欲寄终微路，惟愿英灵鉴九泉。

又见妹一生嗣心念切，家计殷勤。素愿未偿而修文召促，吾知叔必含恨于九泉下者。

忆叔为人少息时，皆因两事使然之，
嗣心忧欝凭谁诉，家计奔驰只自知。
双女遗来双婶泪，一身捐去一门悲。

又见离轩风景凄然，人琴阒寂，薪木凋残。而回首当年胜景，不禁感慨系之云。

离轩三径就芜荒，回首当年暗自伤。
花木独留凋竹槛，字诗徒见挂鳣堂。
双眸空洒门墙泪，诸子犹沾翰墨香。
料想叔风千古在，好传山水拟高长。

新丰公新正来游本族，依律和赠三首

一官聊寄此邦中，本有宗人气味融。
出谷迁乔怜好鸟，渐盘衎食笑宾鸿。
皋比漫道经师在，木铎难言教泽通。
樗朽何堪承奖借，岂知才拙愧花封。

访亲人在白云中，笑语欢如淑气融。
岩里雾深同伏豹，海边云起望冥鸿。
琴书桃几纤尘净，花竹幽斋曲径通。
更喜家家争醉客，墙头何减递黄封。

吾宗家住宝安中，门内怡怡乐意融，
白发高年如海鹤，青山偕隐识梁鸿，

环村翠沓人踪远，沿岸幽寻路可通，
别后尚堪回首望，数峰遥认白云封。

在辉伯肆业，端阳归家，作此一律以赠

切志殷勤到此中，依依杨柳耀门东。
犹然曲肱晋春梦，陡觉奇云变夏嵩。
羡尔三更灯火灿，岂无一脉道心同。
端阳薄澣言归急，九折羊肠路大通。

上梁四句

其一

栋起凌云，福禄来崇。
新成大厦，万载兴隆。

其二

手捧金梁，富贵名扬。
栋升九仞，奕世其昌。

用鸡抛梁四句

雄鸡抛梁，大吉大昌。
孙支衍庆，万载安康。

赏梁用酒祭梁四句

一杯酒，祭梁头，人康物阜遂营谋。
二杯酒，祭梁心，裕后光前富万金。
三杯酒，祭梁尾，丁才两进福来催。
梁祭毕，梁上升，奕世其昌万年兴。

上梁抛鸡四句

英雄抛上越梁高，
累代儿孙出富豪。
吉日良辰梁上起，
财丁并进福滔滔。

吊帐四句

新人新帐新眠床，
夫妻配合天地长。
吊起四围绫罗帐，
早生贵子卜其昌。

赏红四句

其一

红挂左肩，五福俱全。熊梦叶吉，爪瓞绵绵。

其二

红挂右肩，福寿双全。宜尔家室，偕老百年。

其三

赏起花来又赏红，满身香带桂花风。百年夫妇同偕老，富贵荣华福禄崇。

其四

红挂身边在高堂，富贵荣华屡代香。从此夫妻相会面，早生贵子卜其昌。

祠堂点烛四句

其一

一双银烛插华堂，银烛光辉喜气扬。今日祖前来点烛，夫妻白发百年长。

其二

银烛双辉照祖堂，良缘配合天地长。来年添个麟儿子，高官定坐丹桂香。

对联

莲麻坑叶氏宗祠门联

由陆至安，二百余年春祀秋尝，不忘罗溪木本；

自思迄兰，十二传孙承前启后，犹存楚燕家声。

祖堂用对

烛照香车光日月，门迎朱履灿云霞。

三星光在户，百辆庆盈门。

此日鸾车欣迭至，他年麟趾叶重祥。

花迎百辆盈门烂，烛照三星满户荧。

乾坤定矣，钟鼓乐之。

漫喜斯年偕伉俪，聊期奕世衍箕裘。

愧此画屏观射雀，聊将钟鼓和鸣鸾。

祖德昭垂佳偶远，后嗣繁衍锦鸳祥。

结彩门前赓燕乐，调琴堂上听雝鸣。

迎淑女，括德音，心乎爱之，奚啻式歌且舞；

乐嘉宾，速诸父，饮此湑矣，愿期不醉无归。

于时言言，奚啻德音来括。
有客宿宿，且将式饮庶几。

新婚家用对

吉日吹笙迎淑女，良时鼓瑟宴嘉宾。

旭日和鸣谐凤侣，瑶阶照育长兰芽。

雁鸣旭旦，鸝集平林。

宴乐堂中无旨酒，瑟琴声里有佳音。

锦瑟相辉谐卜凤，婚盟谛好叶（协）雎逑。

既将琴瑟友良夜，还把鼓钟乐本祠。

愧无盛馔酬嘉客，愿听堂阶和瑟琴。

喜见母山鸣彩凤，欣夸锦水洛文鸯。

寿对

月明桂树秋风远，婺灿兰阶玉液光。

婺焕中秋观彩舞，堂开四代竚班联。

桃熟三三三窃献，筹添九九九好歌。

婺焕中秋，星明春树夸鸿案；堂开四代，阶连朱履祝华筵。

秋日祝高年，秋二秋共祝；桂花香满宙，桂二桂标香。

新居对

蟠山绕水村无二，课读问耕趣有余。

居安获福乐无极，积善存心庆有余。

和气致一家祥瑞，书声起万里风云。

家合一心，兄弟一团和气；人能百忍，子孙百世同居。

銮殿对时亲舜月，鲤庭过处着莱衣。

素藏斗酒需君子，好会金堂约示公。

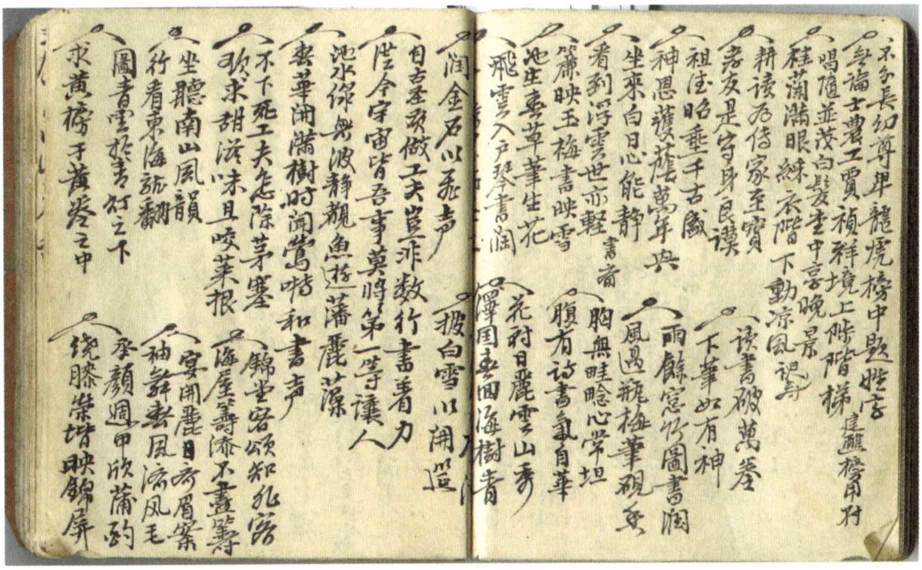

《叶吉崇帖式》中的部分对联

佳儿佳妇真如玉，宜室宜家不第琴。

绣户春风暖，纱牕曙色新。

读书首明伦，处世惟存厚。

学术守曾三颜四，光阴惜禹寸陶分。

六爻皆吉惟谦也，终身可行其恕乎。

万石逍遥惟种德，八龙次第早蜚声。

鼎建维新兴轮继美，乔迁胜旧堂构重光。

碑铭

修整围场碑序

为严禁门楼外后复造事。窃思莫为之前，虽美不彰；莫为之后，虽盛弗传。兹我莲麻坑村，自落居之初，堂构从容，界限早有定制；龙砂护绕，气脉无不贯通。故水秀山环，人材因之鹊起；地灵人杰，富贵由自蝉联。迨后生齿日繁，连云比屋，遂致界外糊行起造，村中渐见颓微。竟谓盛衰升降，气运循环，岂知人事坏其天事。父老传闻，言犹在耳。革其弊以兴其利，安能置之度外乎？现集众酌议尽善，将门楼外有墙屋阻塞者，出银同他买断，拆坪作为永远余地。门楼内有墙屋阻塞者，亦出银同他买断，拆坪作为永远通衢。则蔽障能消，元气可纳。然欲其久远无弊，必须设立良规，断明日后村中人等，不得霸占众地私造屋厕，私置粪堆，私作石壆，私种园篱，私堆柴草及塞界水等弊。此乃筹划尽善，以杜后患。故勒碑并竖界石为限，以志永垂不朽云尔。

一议门楼外长有壹拾二丈二尺正，前以叶袁氏水芋壆为界，左以叶定璋数家门前石壆下为界，又以叶吉琳、叶成敏山边厕屋一带厕门为界。此系买断屋厕拆坪，作为永远余地。断明日后不得私堆各物霸占等弊，以塞旺气。如有抗顽犯禁者，决不容宽。

一议门楼内叶定祥数家门前余地，亦系同他买断墙屋拆坪，作永远通巷。断明日后不得堆塞柴草各物霸占等弊，以阻往来行人之路。如有抗蛮犯禁者，决不从宽。

一议资众地以筑禾场者，每年资要纳妥。如有恃强不纳者，任由众人锄去，不得反向大众补回工费等项。

一议界外各人余地有碍村中风水及塞门楼旺气者，日后不得起造。如有恃蛮犯禁者，速即鸣鼓而攻之可也。

一议对面草屋永远不准做油榨；东门内不准做屎坑。

总理人　叶成达

副　理　叶昌晋　叶昌隆　官火保　叶昌宠　叶昌崇　曾云清

副理人　叶成康　冼世发　叶成暲　叶成永　叶定钦　叶成奎　叶成瑶　冼其发

张鼎常　叶定麟　刘大基　刘维常

光绪二十年仲春月　莲溪社众公启

“敬修公立学校开幕纪念”碑刻

人生以教育为基本，教育以学校为中心，是以办学难，办学而得适当宽敞之所尤难。本校设立久历年所经常费向由港政府津贴，近以来学日众，地方不敷所用，因谋众议，筹建新校，蒙港政府拨建费半数，复得侨外乡亲各热心教育者题捐巨款，更幸村中族姓祖尝拨助，腋以集而成裘，鼎因众而易举，不转瞬而现址得以落成矣，更于一九六二年十一月三十日开幕矣。从此教育基本得以坚强，办学场所得以宽敞。而莘莘学子济济菁莪，以长以育。此日之桃李成林，他年之栋梁自出，实拜诸公之所赐也。因录芳名爰泐于后：（以下略）

重修莲麻坑村叶氏祖祠碑记

窃我莲溪叶氏祖祠兴建至今逾二百余年，赖以慎终追远，崇祖祀先者也。惟以年久失修，倾圮堪虞；祭具陈设残旧破烂，殊非孝子贤孙所以崇功报德之道。各房有见及此，爰于一九七一年六月十二日集议祠堂，一致决议重修为当务之急。成立重修叶氏祖祠委员会董其事，并即席推选人员分头负责募捐、理财、总务、施工诸要事。

赖列祖列宗之灵明庇佑，全族长幼之热诚赞助，筹募运动一经展开，港内海外宗亲捐款仅半载而毕集。遂能于一月招商标投，二月择吉施工。一九七二年九月六日全部重修工程完满竣事揭幕祭祖。虽非美轮美奂，以报祖德于万一，然其敬祖爱乡之热忱，团结精诚之意志，或稍可告慰于列祖列宗之灵也。谨将大名碑刻如文，捐款芳名附列于左，以垂纪念，并表征信。（以下略）

莲麻坑村公所落成记事

敬修家塾，由叶敬修堂创建于一八六五年（清同治四年），原址位于本村公所后车路高处山边，初为私塾，后赖苦心经营而成规模小学，桃李畅茂。迨一九二一年重修，翌年易名为敬修学校，沿用至一九五九年新校落成启用后，渐次荒废而坍塌。有鉴本村向来缺一议事之所，故经敬修堂仝人议决，出售家塾原址于村民建屋，所得资金捐作兴建村公所之用，遂以敬修堂命之，以垂永纪。复立金榜彰其春风化雨之功，嘉村民之学有所成，勉昆裔奋励之志。爰镌吉金，以记其事。

一九九五年三月九日立

金榜题名

一九九五年三月吉日立

凡考获学士或更高资历者可自费刻名及名衔榜上，以嘉其成。每名限二寸高十寸宽，姓名寸半不得重刻，名衔四分可加刻。有违规或损坏负责重造名榜。

1995 年莲麻坑村金榜题名人员一览表

表 14

人员	学历（职务）	人员	学历（职务）
叶冯恩	博士	叶天养	律师　太平绅士港事顾问
叶苇青	英国电子工程学士　硕士	叶伟彰	博士　英国统计学会院士　理大讲师
叶春添	土木工程学士　工程师	叶曹玉华	心理学学士
叶绿芳	汽车工程学士　硕士	叶陈淑卿	化学学士
刘国谅	建筑管理学士　硕士	叶梓森	特许秘书行政员
叶莉莉	药剂学学士	叶碧山	机械工程学士
叶文兴	医学博士　矫形创伤外科专科医生　香港中文大学骨科讲师	叶林裕娜	医学博士　内科肿瘤专科医生　香港中文大学讲师
叶梓斌	产科专科医生	叶翠娟	会计学士
刘国兴	工程学士	叶利超远	金牌溜冰教练
叶国兴	医学博士　矫形创伤外科专科医生　香港中文大学骨科讲师	叶杨明明	医学博士　内科肿瘤专科医生　香港中文大学讲师

续表 14

人员	学历（职务）	人员	学历（职务）
叶德威	剑桥大学电子工程学士　工程师	叶曼帝	律师　剑桥大学法律学士
叶汗山	计算机学硕士	叶志雯	飞机工程学士
叶佩珊	数学学士	叶碧驯	卫生督察
叶卓儒	牛津大学物理硕士　牛津大学荣誉文学士博士	叶佩玲	化学学士
叶丽芬	生化学学士	叶剑彪	统计学硕士
马翠萍	语言学硕士	叶国伟	化学工程学士
叶振荣	剑桥大学会计硕士	叶振芬	数学计算机学士
叶梓标	英国皇家牙科学院院士　牙科医生	叶华清	精算学学士
叶干林	科技政策硕士	叶秀萍	化学医药化学学士　博士
叶卓伦	伦敦大学医学士　英爱丁堡外科医学院院士　医生	叶欣颖	律师
叶松峯	工程学士	叶丽珊	酒店管理学士
叶伟廉	生物环境学学士	叶英杰	科学学士
叶彩雄	科学学士	叶冬生	工商管理学士
叶婉珍	文学士	叶碧丽	文学士
叶莉薇	时装设计学士	叶莉云	计算机学学士
叶玉玲	经济学荣誉学士	叶国平	机械工程学士
叶玉钧	电子工程荣誉学士	叶国良	理学士
叶茂文	环境学学士	叶国强	建筑硕士
叶瑞文	伦敦大学法律学士　律师	叶茂添	计算机工程学士
叶苏成	文学士	叶凯强	荣誉理学士
叶雨华	理学士硕士	叶陈美美	文学士
叶雨强	理学士　环境工程硕士	叶黄丽华	文学士
叶锦凤	生物理学士	叶进安	上海海运学院本科
叶雨富	信息科技理学士	叶锦雄	会计文学士
叶丽文	经济文学士	叶俊荣	文学士
叶佐治	环境科学硕士	叶桐燊	文学士
叶美萍	财务文学士	叶锦玲	设计文学士
叶博琴	行政管理文学士	叶美心	时装设计学士
叶锦玲	理学士	叶振华	经济及社会学学士
叶俊贤	管理文学士	叶健辉	土木工程学士
叶剑雄	经济市场文学士	叶 JOANNE	环境科学学士　硕士
叶素云	商业管理文学士	叶浩民	商业管理工程学士
叶玉明	商品设计理学士	叶素芳	信息及计算理学士
叶子雄	理学士	叶丽嫦	会计文学士

续表 14

人员	学历（职务）	人员	学历（职务）
叶丽玲	化学理学士	叶杰峰	计算机理学士
叶浩欣	企业拓展硕士	叶燕筠	护理学士
叶振基	平面设计荣誉学士	叶硕强	艺术荣誉学士
叶文伟	生物化学荣誉学士	叶敏仪	法学荣誉学士
叶惠萍	电子电工工程学士	叶国荣	商业信息系统学士
叶惠贞	室内设计荣誉学士	叶慧君	人力资源及市场荣誉学士
叶伟伦	商业信息及计算系统荣誉学士	叶伟豪	计算及管理荣誉学士
叶伟杰	康乐管理荣誉学士	叶伟雄	计算荣誉学士
叶慧妍	心理荣誉学士	叶志威	工商管理荣誉学士
叶亮梓	商业及会计荣誉学士	叶莉芬	会计及财务荣誉学士
叶远山	工程荣誉学士	叶伟华	牙科学士
叶伟文	理学硕士	叶振雄	理学荣誉学士
叶振帆	市场荣誉学士	叶俊彦	理学荣誉学士
叶维莉	工商管理荣誉学士	叶俊雯	通识教育课程发展及教学硕士
叶俊怡	物流学士	叶文达	工商管理学士
叶惠娴	数学硕士　精算学硕士	叶维莉	工商管理荣誉学士
叶俊贤	市场管理硕士	叶冬生	工商管理荣誉学士
叶维英	工商管理学士	叶俊杰	国际商科荣誉学士
叶永祥	理科硕士	叶永麟	文科荣誉学士
叶永卿	理科荣誉学士	叶永欣	高级教育文凭

筹建孙中山铜像铭文

先贤叶定仕公随孙中山先生奔走革命终生，曾任中国同盟会暹罗分会会长，矢志复兴中华，创建共和。铮铮风骨，俯仰天地，为我新界原居民堪称典范。

今喜见其故居重修落成，更逢辛亥百年，谨恭立孙中山先生像，以资缅怀，垂范千秋。

铜像落成志庆，荷蒙

新界乡议局主席刘皇发大紫荆勋贤 GBS JP

北区民政事务专员陈羿太平绅士

莅临主持揭幕典礼。谨泐贞石，以纪其盛。

莲麻坑村公所谨识

二零一一年十二月三十日

莲麻坑村孙中山铜像筹建委员会（以下略）

◉ 文献

《叶定仕——新界原居民中的辛亥革命元老》序言[①]

近年来常趁闲暇到香港各大小坟场蹓跶，从中发掘历史，发现了不少孙中山的亲友及与辛亥革命有关的人物的茔墓，乃于去年藉辛亥革命百年之际撰写了《香江有幸埋忠骨：长眠香港与辛亥革命有关的人物》一书以作介绍。在这些人物中，既有国父的至亲，也有他的良师益友和革命同志；意想不到的是其中竟有曾任兴中会旧金山分会会长的邝华汰及同盟会新加坡分会会长张永福。他们原来都不是香港人，最终在此地去世，亦长眠于斯地。没想到沧海遗珠，竟然遗漏了一个极重要的人物，他不单曾是同盟会暹罗分会的会长，其本人更是不折不扣的香港原居民，他就是沙头角莲麻坑村的叶定仕。

叶定仕的一生十分传奇，他自小家贫，16 岁被卖猪仔往泰国当裁缝，凭借其过人的努力和领悟力，脱颖而出，成为彼邦之侨领，并与暹罗皇室建立关系。扬名异域并未有使他忘却祖国，他服膺于孙中山推翻清朝的革命理念，毅然加入革命组织，旋被推举为同盟会暹罗分会的会长、宣扬革命的组织振兴书报社的社长，更参与成立泰国的中华会馆，成为革命领袖。他出钱出力，支持国内的武装起义，为辛亥革命作出贡献。

民国成立后，袁世凯剽窃了革命成果，孙中山在日本成立中华革命党，发动讨袁。叶定仕积极响应，不单加入中华革命党，更编集讨袁军，配合倒袁斗争。失败后，他被广东都督、袁的爪牙龙济光通缉，乃潜返香港；翌年再赴泰国，重操故业，更在泰南开垦荒地。

20 世纪 30 年代中叶，泰国实行君主立宪，叶定仕早年的好友泰皇拉玛七世逊位，叶定仕失去一直支持他的力量，加上受到排华风潮的冲击，叶定仕坚持民族气节，拒绝入籍泰国，毅然放弃了多年艰辛奋斗的成果，买棹返乡。叶定仕闲赋在家，但仍心系同胞之福祉，向南京国民政府呈交精心撰写的《振兴中华实业计划》，但被束诸高阁。抗日军兴，叶定仕于沦陷期间，贫病交迫中离世。

在辛亥革命中，有无数的人或抛头颅、洒热血，或毁家纾难，但早已被遗忘，叶定仕正是一个例子。他为革命出钱出力，为了革命，不惜放弃安稳的生活，牺牲辛苦建立

---

① 作者丁新豹，博士，香港地方志办公室副主任、香港中文大学荣誉高级研究员、香港历史博物馆前总馆长。莲麻坑叶定仕事迹编辑委员会编著：《叶定仕——新界原居民中的辛亥革命元老》，香港：莲麻坑村公所，2012 年。

起来的事业；为了坚持民族气节，他宁可放弃以多年血汗开垦经营的土地，这是何等高尚的情操。可惜现存有关他的资料，相当稀少，认识他的人也不多。

必须承认，当我第一次听到叶定仕这个名字时也感到十分陌生。犹记得多年前的一天，叶瑞山先生到香港历史博物馆找我，倾谈之下，才知悉其先父的事迹，深被感动。一直以来，我们会觉得香港人热衷于建立财富，追逐名利，没想到除了在香港岛出现过何启、杨衢云、李纪堂、李煜堂等本地的辛亥革命人物，在新界地区也出过一个像叶定仕这样了不起的人物，这实在是香港人应该引以自豪的事。

叶定仕是新界原居民中贡献最大的辛亥革命元老。本书的出版有助于读者了解他的感人事迹，有助于港人继承先贤爱国爱民的宝贵精神遗产。本人亦乐于接受本书编者的邀约，撰写此简短之序言，以示祝贺和推荐。

在孙中山先生铜像揭幕暨叶定仕故居重修开放典礼上的致辞

新界乡议局主席刘皇发

民政事务局局长助理徐英伟先生、北区民政事务处陈羿专员、中联办社工部钟荣炽副部长、李冠洪主席、叶华清先生、各位嘉宾、各位朋友、各位传媒界的朋友、各位乡亲父老，大家好！

今年是辛亥革命一百周年，是中国走向现代化的重要里程碑。辛亥革命标志着中国两千多年来封建王朝统治的结束，由帝制走向共和，揭开中国历史新的篇章，它的历史意义是不能抹煞的。革命先驱的贡献，我们必须学习；革命先驱的功绩，我们必须铭记。

香港是我们的家、我们的根，一百年前，更加是孙中山先生从事伟大民族复兴革命的基地和宣传阵地。今次竖立铜像于叶定仕故居广场，根据文献记载，当年孙中山先生在曼谷设立同盟会分会，叶定仕先生正是第一批加盟的成员。所以，今天铜像可以竖立在叶定仕故居广场，是有非常重大的意义，乃标志着新界乡民爱国、爱港、爱乡的情操。

孙中山先生铜像能够在此竖立，更加是新界人的光荣，同时有利于推动我们在回顾历史、探索历史之中，加深对辛亥革命的认识，加强对民族和国家的归属感，寻求更加深刻的启迪。

最后，我衷心祝贺国家民族兴旺，革命精神不朽，铜像永耀千秋。

2011 年 12 月 30 日

在孙中山先生铜像揭幕暨叶定仕故居重修开放典礼上的致辞

叶定仕三子叶瑞山

尊敬的刘皇发主席、钟荣炽部长、徐英伟先生、刘智鹏博士、叶华清先生、各位主礼嘉宾、各位嘉宾、各位乡亲、女士们、先生们：

在辛亥革命一百周年之际，“孙中山铜像揭幕暨叶定仕故居重修开放典礼”在这里举行，是叶氏家族的光荣，莲麻坑村的光荣，也是新界原居民的光荣。香港史专家丁新豹博士、刘智鹏博士、刘蜀永教授一致认为，先父叶定仕是新界原居民中贡献最大的辛亥革命元老。

今天，孙中山铜像在叶定仕故居广场竖立，体现出香港社会各界对先父追随孙中山先生革命的肯定，也是对新界原居民爱国爱港传统的肯定和传承。

由于种种历史及政治原因，先父叶定仕的革命事迹被长期湮没。幸好近年香港市民的历史意识、文物保育意识有所增强，特区政府对文物保育的重视程度也有所提高，因而叶定仕故居能够在特区政府的资助下重修开放。作为叶定仕的后人，感到十分欣慰。

身为同盟会暹罗分会会长，先父叶定仕竭尽全力支持孙中山领导的革命运动。为支持革命党人的武装斗争，他甚至不惜倾家鬻产，以致家道中落，生活陷入困境。他的革命精神和爱国情怀不仅是叶氏家族的精神遗产，也是新界和全香港的精神遗产。由莲麻坑村公所和叶定仕后人组成的叶定仕故居管理委员会，十分重视这份宝贵的精神遗产。我们愿意以故居为平台，以叶定仕革命事迹为个案，让香港市民更了解国家的历史，了解香港与国家的关系，启发他们为国家的发展，为香港繁荣作出更多的贡献。

叶定仕故居的修复，叶定仕革命事迹的研究，以及孙中山铜像的竖立，得到特区政府古物古迹办事处、莲麻坑村公所、香港地方志办公室、泰国中华会馆、国民党文化传播委员会党史馆，以及在座各位热心人士的关心与支持。我谨代表叶定仕全体后人，向有关单位和个人表示诚挚的敬意和衷心的感谢。谢谢大家！

2011 年 12 月 30 日

在孙中山先生铜像揭幕暨叶定仕故居重修开放典礼上的致辞

莲麻坑村公所主席叶华清

新界乡议局主席刘皇发大紫荆勋贤、中联办社工部副部长钟荣炽先生、民政事务局局长政治助理徐英伟先生、北区民政事务专员陈羿太平绅士、沙头角乡事委员会主席李冠洪议员，各位主礼嘉宾、政府部门首长、地区领导、社会贤达，各位父老叔伯兄弟：

今日是莲麻坑村孙中山先生铜像揭幕暨叶定仕故居重修开放典礼的盛大日子，非常感谢各位在百忙中拨冗参加此次庆典，使本村增光不少。

适逢今年是辛亥革命一百周年，而本村的法定古迹叶定仕故居也于今年重修开放给公众。百年前本村先贤叶定仕公早年远赴泰国谋生，为泰国中华会馆发起人之一。叶定仕公追随孙中山先生，并担任泰国同盟会会长，将其毕生奉献给革命，最终推翻腐败的清朝政府，结束中国几千年的帝制，建立共和。为此，本村自发筹建伟大的革命先驱孙中山先生铜像，以纪念革命一百周年之盛事。

本村是一个有数百年历史的乡村，红花山是几百年前反清复明的基地，红花寨是清末时之山贼之巢穴，传说专劫外客及官吏，但他们从没有侵犯本村。百多年前先贤叶定仕追随孙中山推翻帝制，建立共和之辛亥革命。

上世纪四十年代日军侵华，本村村民叶维里等三打莲麻坑矿山，参加东江纵队，进行抗日，其后参与成立新中国之解放战争，这些事迹都在本村发生。本村可说是一个充满革命传统的乡村，是爱国家、爱民族之典范。

上世纪二三十年代，大量内地居民经本村去南洋谋生，其中包括叶剑英元帅之四位伯父也曾暂居本村。上世纪五十年代，因政治原因，港英政府设立边境禁区，外人不得进入。村民亦需办理禁区证才可回村，把本村与外界隔绝，严重影响本村发展，村民大幅度外迁他方，在外国谋生，村中人口最盛时期在五十至六十年代，有二千多人居住，但及后下降至今，只有一百多人居住。本村现时仍有逾万原居民侨居于世界各地。

昔日以务农为生，如今本村大部分田地已被荒弃。但村民并没有数典忘祖，每逢在春秋二祭及春节的日子，均有逾千村民回村共度节庆。村民亦积极参与村中事务，每逢村公所需要向政府表达意见时，均会有数百村民参与支持。

由于政府单方面推出所谓保育政策，严重剥夺村民权益，在社会各界的支持下，政府作出了一些修改，但村民乃需继续努力争取，直至政府改变其不公平的保育政策为止。政府必须对受规划影响之村民作出合理安置及赔偿。我们认为：环保、保育必须以人为本，民生，保育要平衡，才可真正做到保育，方可持续发展，达致公众、政府及土地拥有者，三方皆赢。

由于政府的禁区政策，影响本村发展，经村民多番努力，多次要求政府开放禁区，现在可说是渐见曙光。特区政府计划在 2015 年至 2018 年正式开放莲麻坑禁区，到时市民不需办理禁区证，可以自由进出本村，本村亦可以像香港其他地方一样，得到平等的发展机会。

由于几百年来村民都非常爱惜及保护村中环境，至今本村风景美丽怡人，环境恬静悠闲，未受任何破坏及污染。将来禁区开放后，莲麻坑将会是香港一个重要的旅游热点。

多谢大家！

2011 年 12 月 30 日

告示

斗械告示

刻下敝乡同六约斗械，凡有亲朋入我境内，切勿身藏利器。如有不遵，字 [视] 作匪论。夜间不可入围，恐陷踏桶之悮。毋谓言之不早也。端此。

禁乞食

为严禁乞食以靖地方事：

予等乐居斯土，僻处村居，历无外匪侵害。奈近年来，有等匪类沿门乞食，同群结伙，擅入村里。或窃晒衣服，或盗鸡鸭，甚至沿门窥探消息，喻（逾）墙穿壁。或偷牛猪，或盗家财，种种害民。故以通乡少长咸集，设立严禁。自立于后，各村各家遵守禁例。但许有乞沿门，不许私供米饭。查出有徇情私供米饭者，经众公罚猪酒若干。倘若乞食不服禁例，持强惫赖，鸣官究治，决不姑宽。莫谓言之不卑（预）也。

禁牛游田畻

尝思仁民而后受物。朝廷固以端化兴利而先除害，里党所由设禁条。如我一乡，四围居处，耕种为先，终享勤劳，粒食尤赖。安可束手旁观，视由禾为草芥乎？迩年来，每值麦苗畅秀，有等牵牛而田畦者，指不胜数，日复一日。其中忽而食草，忽而食苗，甚至横蹈直走，剥蚀良多。有心者循行阡陌，祇将触目而长叹。我试思人孰带牛、人就带田等理。我牛不好食我之禾，是人不知而我耗，我不知而人丧。互相残害，不啻率兽食人不诚。凡俗曰偷，为我乡中之大恶也。是以我等不安固陋的于□月□日阖乡踊跃集议严禁，各宜家喻户晓。致嘱牧牛，不得复游田畦。如有敢蹈故辙干禁者，依众公罚金三百文。知报者赏钱一百文。绝不徇情更纵，以致复萌弊端，庶乎播种而耰，苗秀而实，则害除利兴，共庆里仁之为美矣。

阖乡公启

严禁游田畦

为严禁游田畦以期秀实事：

窃思吾人耕稼，固赖乎天时，亦资乎人力，二者兼善，一无所害。然后东作于从前，始可望西成于此后。我乡中前辈既严此禁，各遵规矩，人共称为美俗矣。何今日青苗始生，复有不良之人牵牛游田畦。忽而食草，忽而食苗。此种弊端，受人害之惨，甚于天灾者也。兹又阖乡鸣锣票禁，捉获者，公罚铜钱若干入社公费。凡我四邻，各宜遵守公议，勿致犯禁，则共庆苗而秀，秀而实，五谷丰登，由我乡仁厚风俗之所致也。

严禁盗伐竹木

为严禁竹木以卫宅场、以端风俗事：

尝思古昔盛时，家家乐康阜之休，户户有饱暖之庆。皆由围场之左右水口之山岭，所生竹木茂盛，护围其中，此所以人之杰、田地之灵也。无如近今之人心不古，只知利己、不顾害人，屡屡盗伐山林竹木，致此濯濯，深为可痛不已。是以爰集同人，设立禁答，以儆愚顽。自后各宜守分，毋得仍蹈前彻。如敢有犯禁者，捉获公罚铜钱若干。倘有持强倚烂、不遵罚者，鸣官究治，决不徇情，直告。

□年□月□日　众启

严禁壆亥头中树木

为严禁壆亥头中树木以杜砍伐事：

窃思人资耕稼以养生，木籍栽培而畅茂。兹我□处一乡，自开垦以来，数十载不惜工费以固此壆亥中，以防风雨之变，而后乐以耕稼而无远虑焉。独恨近有贪婪之辈，或喜其材适器用而伐之，或厌其賫可营升斗而伐之。彼此互相鼠窃。将向之蔚芀可赡者，今则零落可叹矣。甚至牛只横行，石崩土堕，厌裸之危不可测也。是以阖乡共伸禁约，遍告众人，各嘱男妇老幼务宜守分。如有敢行砍伐壆中树木者，依众责罚钱若干，以供壆费。知报者赏金若干。即或知情隐匿，一经查出者，罚同一体，决不徇情姑贷。倘有恃强不服者，依众禀官究治。愿诸君子共禀规条，各宜警之于前，勿致悔之于后焉。

□年□月□日　阖乡公启

严禁山林以护围场

为严禁山林以护围场事：

盖闻围场赖树木以抵杀，干戈不动；籍树木以生泉，收成有望。我围四处山光，泉源涸竭。众公酌议，特申严禁。凡为父兄者，各诫子弟遵循规矩，不得入山偷盗树木。如有不遵，一经捉获，决不姑宽。特此示知。

一禁横径山。此乃发水源之祖，所赖非轻。如有偷盗者，公罚金数千，报信赏金数百。

一禁背扶山。此乃围场围衣，所关甚重。如有偷盗者，罚格照上。

一禁水口山。此乃蓄水之区，所系不小。如有偷盗者……

一禁牛王爷左右面前。此乃围场收气所在。如有偷盗者……

一禁通乡松山竹木、河边树木。一概施行。

严拿贼匪告示

为尊奉九龙司老爷严拿贼匪告示张挂：

查得乌蛟腾远近十里之间，村居偏僻，户口零星。恒有外来匪党，往往輙其人稀姓寡。或日间酷勒货财，或夜间穿垣盗物。更有游手逞刀之徒，附从瞽目凶头之辈，假丐乞为名，三五成群，三十为队。沿乡索诈，要米不足，更要金银。一宿不去，缠绵弥月。责备之，便恶言拒抗，或惫怼为辞。种种不清，皆由藐视村小人单，殊属可恶之甚。尔等若遇此匪徒恶党，仍敢横行肆虐于乡曲，请齐心协力，纠众拿获，解送官前。自宜从公究办，决不寘宥。为此特示。

严禁偷窃告示

为严禁偷窃以敦风俗事：

我围人众食繁，皆赖耕种为养生之计，至深且远。即今番薯等顷滇望有成熟，饥荒有备。若肆行妄窃，百件无收，人将饥饿，贻害岂残哉。但我围积习愚顽，恐有不能守规矩者，早晚私行偷窃。是不得不集众票明严禁。捉获割薯苗者，罚金□百。捉获割蔬菜者，罚金□百。要鸣锣经众攻罚。倘有抗衡不尊罚者，合鸣官究治，决不容情。各守规矩者可也。

合众公启

禁田土答

为严约通乡众公等，为严禁田禾事：

窃闻洪范以食，居八政之首。周礼以谷，赖三农之生。诚以民为国本，邦宁实由本固。是食为民之天，礼让惟凭足食。方今圣天子道洽政治，康乐和亲民以殷富。故圣谕广训十六篇中有曰：重农桑以足衣食。此农事为列代之所重，尤为本朝之所重也。今照我本乡居民稠密，别无经营，惟资耕种之田，以充口腹之需。是以既殚东作，庶有望于西成。兹当禾苗方长之时，乃农友艰难而成。自后不许纵放六畜践伤田禾。不遵约束者，罚金□千。知报者赏金□百，以惩不法。如再不服罚，通乡鸣官究治，不得寞恕。各宜共尊约束，无贻后悔，须至约者。

阖乡公启

◉ 礼仪应用文

大王爷许福疏式

伏以

乾坤大德盖覆，载于群生。日月重光普照，临于庶类。山河大奠，日月普明。今据大清国广东道广州府新安县官富司管下第六都□围吉宅居住，皈依奉道中天斗，为因集福社首信士□名等，虔具全猪一只前于案前。甘生红花血酒，至今潜毛去割，肝肠血吐，白牙猪首，熟食大宴，摆列在案。恭叩护乡社稷大王爷爷案前位下。庇佑□围上下左右四五村，一境地芳，家家昌隆，户户安康，地灵人杰，物阜民康，男添百福，女纳千祥，牺牲兴旺，瘟疫埋藏，耕商大有。读者名扬。凡在光中，全赖王爷庇佑之致。谨疏以闻。天运□年□月□日具疏。百拜上申。

求水表章

伏以

大造无私，万物庆生成之惠；神恩浩荡，百姓沐阳春之休。今据大清国广东广州府新安县第六都官富司属莲麻坑乡信绅士等，诚心虔具春茗、清酒、果品、烛楮等仪，叩首禀三山社稷大王爷爷暨诸神圣案前，为旱魃肆虐，耕种违时。乞恩准禀，叩求甘雨，以救春耕事切。民以食为天，天以民为爱。上年屡遇休征，克协十日一风、五日一雨，湛恩固汪濊矣。奈何岁次□□，人事多乖，上干天怒，以致咎征示儆，千里恒旸，嗟嗟三时，有害国课难供；四野石田，俯仰无策。睹此情形，心伤荒岁，恐将来饿莩，转于沟壑，盗贼乘饥而生乱。民不聊生矣。信绅士等诚惶诚恐，稽首、叩首忏悔于……

祭祖坟文

恭惟

卜葬佳城，自古重牛眠之地；经营宅兆，于今羡马鬣之封。仰先泽之鸿勋，惟难罄追报于奕禩，奠祖灵于吉地，特期快乐于九原。际兹竣隆，用申禋祀。肃衣冠而尽志，惟醴惟牲；向坟墓而倾心，以享以祀。伏愿鉴兹牲馔，乐彼坟茔，锡类而荫后人。孙曾济美，焚黄而封，先代泉壤生光。祖德宏敷，房房而膺富贵，宗泽切披，世世而庆簪缨。尚享。

新茔告竣祭文

维

皇清□年□月□日，今有墓下祀男□孙□名曾孙□名等，虔具香楮、烛帛、牲醴、粉果、清酌之仪，致祭于我清显妣太母□老孺人暨□氏孺人二位尊墓前，而祝曰：

恭惟

望汪洋之广阔，宜溯水源；睹畅茂之枝高，当思木本。儿等感怀大德，末由酬报于九原；爰筑新茔，欲妥　妣骸于千载。窃见此水绕山环，龙眠虎伏，诚可谓得山川之气，开奕叶之福田者矣。兹届秋露横江，鸠工告竣，聊具不腆之仪，用行昭告之典。伏愿我妣与□氏双灵，洋洋降格。佑予孙子，膺富贵而蝉联；庇我后人，继书香而鹊起。尚享。

土神祝文

龙德恢宏，既显牛眠吉兆。神功广远，还敷马鬣荣封。予等下卜吉日而妥妣骸，值良辰而报工竣。敬陈薄馔，虔告尊神。护我先妣双灵，常享青山绿水。俾予孙曾庶士，永沾厚泽深恩。起凤腾蛟，诰三封而家荣灿灿。钟灵毓秀，祀百世而苗裔绳绳。尚享。①

谨涓本月□日为

先考 / 妣坟工告竣薄治蔬酌

恭迎

台驾登峦雅叙

曷胜忻荣

眷弟□姓名拜

祭祠文

岁序推迁，春秋兴霜露之感。援源遡远，水木动本源之思。恭惟列祖创垂令德，衍百代之箕裘；燕翼贻谋，荫千秋之福泽。兹当桂月方中，谨以薄物之仪，敬伸秋祀之典。伏冀天宗降鉴，垂裕后昆。春而华，秋而实，代代映前凤舞；文以经，武以世，世起阶下龙腾。□□等不胜雀跃，敬承之致，仅告。尚享。

祭思发祖文

恭惟我大高祖宿儒之士，始迁之祖也。遭时落魄，难免悬磬之悲，壮岁偃塞，莫遂青云之愿。于是弃故乡而云迈，望东安而停骖。舌耕清溪，门弟子心香一辨。蒙养莞包，束修金斗米千金，而且儿女暂居于松源，窨人住篱之屋。姻家结亲于阳李巨族，喜萝附之施。

为贻谋子孙之计，实择乐郊之适。朔由陆至安百余年，螽斯衍庆，自思乞定八传

① 此当为上礼之附文。坟有土神，故先祭墓而后祭土神。

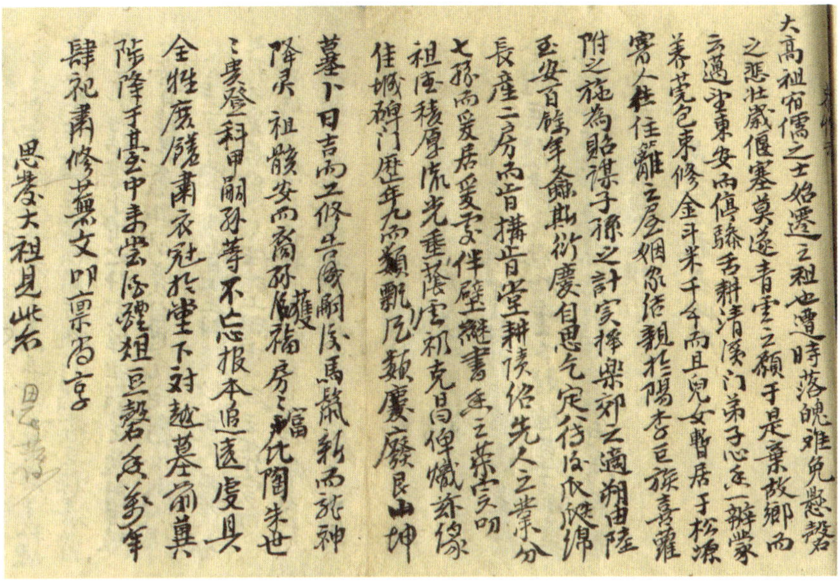

《叶吉崇帖式》中的《祭思发祖文》

后，瓜瓞绵长。产二房而肯构肯堂，耕读绍先人之业。分七孙而爰居爰处，伴壁继书香之荣。实叨祖德积厚，流光垂荫云初，克昌俾炽。

兹缘佳城碑门，历年九（久）而飘风类废；艮山坤墓，卜日吉而工修告成。嗣后马鬣新而龙神降灵，祖骸安而裔孙获福。房房富比陶朱，世世贵登科甲。嗣孙等不忘报本追远，虔具全牲庶膳，肃衣冠于堂下，对越墓前。冀陟降于台中来尝，酒醴、俎豆、磬香。万年肆祀，肃修芜文叩禀。尚享。

思发大祖见此亦。

祭波翁文

维

皇清乾隆十五年，岁次庚午，月建乙酉，朔日辛未，越祭日丙子，阳眷林上彩、曾庆韬等谨以香楮、烛帛、刚鬣、柔毛、牲醴、庶馐清酌之仪，致祭于清待赠侃义享寿柒旬加一波翁叶府君老大人之灵座前，而言曰：

于戏，扶舆清淑之气，常钟于伟人；世运隆平之休，每笃乎硕彦。盖性分具抱负优出，则为邦家之光；而伦纪修视履祥处，则为山林之乐。故其生也，以事业著者，贤声既偏于载道；以潜德尚者，阐微必合于人心。即其殁也，鼎彝以垂懋昭之典，哀诔以表素行之型。顾立品者，不以显晦争气数；而肝衡者，正以始终为歌泣也。着我叶大翁之为人何如耶？缅维公之于世也，秉揆厥先世惠之丰邑，螺蟝其故里也，户族蕃衍，科名甲第，簪组蝉联。其列处于惠郡诸邑，亦多异材，或以文章名，或以道德着。其炳烺于纪载者，未易缕觏。而尊人发翁先生，壮年乔迁宝安，着籍斯土，启迪后学，四方讲业者，不啻云集。而公偕厥令弟达滇循循诗书，未尝不以远大自期也。公但以薪传之志，寄诸儿曹创垂之事，直任弗辞，所久筹划，终营操于外；而淑配扬大君，虫飞警戒，襄于内。从此家声丕振，日新月盛。蒸翼而贻谋者，何其俾炽俾藏也。公天怀真挚，孝友无间；持己而守正不阿，待人而横逆不校；息争忿以和乡党，发盖藏以周窘迫，建桥梁以利攸往，毫无德色，镇静自如。至降师重道，殷勤教子，敦诗说礼，盈庭蔼吉。令嗣长君彬雅恂谨，堪称宁家。次君茹古含无，今名噪黉序；其次锐志茂学，东箭南金；其次服习讲贯，词坛竞秀；季昌飞鹏璧水，卓荦不群，宛如窦桂芬芳。群孙济上鹄立鸾停，不异宝树琳琅。兹届公览揆姻明，咸欲制锦称觞，表扬善行。讵意玉楼诏述，遽主蓉城。噫！哲人既逝，叹芳躅之无存；大雅云亡，悼典型之不再。而公膺富，厚享大年，子孙既贤且盛，着此正生顺殁安，无复遗憾。又行见贤嗣辈万里扶摇，黼黻王猷，推美所生，以叨封赠用光，曲册不既，愈久而弥彰也。予辈居同桑梓，谊切芝兰，素稔内□媺，久熏懿范，而哀感之下，不能置词以记大略，进一觞以悟德音耶？灵其洋洋，降鉴酒絮。伏惟尚飨。

壬子科乡进士会孙来

圣诞祝文

维

皇清同治□年岁次□月建□朔日□祭□。今有沐恩弟子信庠偕□率□等，谨以香楮、烛帛、牲醴、果品微仪，祭致于大成至圣先师孔夫子之神位前而祝曰：

恭惟

德配天地，道冠古今，定礼删诗，迈古今而首出。传道设教，揭日月以常昭。公大道而育英才，七十子之栽成，可仰继往圣以开来学，千百年之教泽如新。生等从事斯文，均沾至教。黍习有年，竭诚何日。兹值黄钟之后，逢圣诞之期，虔具介寿微仪，敬申献觞寸忱。伏冀鉴兹微筵，更祈启我后学。洒杏坛之化雨，泽济斯文；扬泗水之春风，香传书府。夙承者连登科甲，继起者早掇芹香。叔和侄而文藻日新，冠与童而贤才辈出。书香不辍。颂祝无疆。尚享。

新婚祝文

其一（此叶姓用）

恭惟

列祖泽德流光，南阳家世，万古流芳。礼重婚姻，翩裔衍扬。庆洽桃夭，欢腾百辆。嗣孙□佳配洞房，聊伸不腆，苹繁酒浆。伏冀宗功洋洋，如在灵赫昭垂，俾炽俾昌。和鸣好合，麟趾呈祥。百年偕老，瓜瓞绵长。三多衍庆，四必其昌。尚享。

其二

恭惟

演易而象符风火，正位而义配乾坤。婚姻为人伦之始，夫妇乃王化之源。嗣孙△良缘既订于昔日，归妹宜咏于今朝。乐钟鼓于黄钟，齐眉合졸偕唱，随而庙见，肃整梅妆。从此宜家宜室，更期俾炽俾昌。尚享。

其三

恭惟

婚姻为人伦之始，夫妇实王化之源。嗣孙□□良缘既订于昔日，归妹宜咏于今朝。宜理庙见，肃整冠裳。用伸昭告，祖德难忘。谐老而占齐眉，唱随有庆；警鸡鸣而待昧旦，静好可期。从此螽斯衍庆，更期瓜瓞绵长。尚享。

新婚告祖祝文

维

中华民国□年□月□日之良辰，届兹新妇堂见之期。今有堂下嗣孙□□为男□□，先年凭媒定于□门之女为婚。兹当长成，理宜完室。谨择吉日，迺鸾于归。虽属本分，不敢擅专。谨以香楮、烛帛、菓品、清酌、冈鬣、庶馐之仪，敢昭告于叶氏堂上历代始高曾祖考妣之案前，而祝曰：

恭惟

祖德无疆，源远流长。孙支衍庆，实赖恩光。大婚正始，奕世其昌。兹当完室，先德难忘。淑女于归，庙见于堂。敬具牲醴，俎豆馨香。惟冀我祖，陟降洋洋。佑我新妇，瑟琴调张。善事翁姑，妯娌和将。宜家宜室，早兆呈祥。螽斯衍庆，爪瓞绵长。谨告。尚飨。

其二

婚姻为人伦之正始，纪网开百世之伦常。歌关雎之起化，实祖德之流芳。男唤□名，前媒妁之好合。室为□氏，兹诵于归之章。礼宜庙见，不敢遗忘。虔具酒馔，冀祖来尝。伏愿佑彼夫妇，福履无疆；齐眉白发，早兆呈祥。谨告。尚飨。

其三

亲迎可稽，礼正人伦之始。好逑堪咏，诗崇王化之源。朱陈结好，王谢通姻，虽冰人之作合，实由祖德以周全。故新妇之庙见，斯醮祖之宜虔。敬陈酒醴，聊具豚牲，伏鉴笾豆而有赫，期荫夫妇而无边。琴瑟相调，喜诵关雎于尔日；梦罴叶兆，欣歌麟趾于他年。谨告。尚飨。

祝叶母寿序文

恭祝大淑德叶母阳大君八袠开一华寿意序

大君乃南阳巨族之贤母也。敬勤淑慎，贞静幽闲以故，令子蜚声庠序，为新邑名士。余自先年讲学岭南，令子绍千来学吾门，与其课艺，讲赋诗歌。以其家有贤子，必知其家有贤母也。

大君迄今高寿，康强逢吉，鹤发童颜，友戚鸿题称祝。余与令子绍千乃属师生之谊，因绘麻姑进爵之图，敬述一言以为大君祝。则他年百龄永锡，挺秀五桂，茁壮芳兰，制锦屏、戏彩衣、拜舞阶前，为之大祝。兹之寿图为之兆也。

大君其有厚望焉。将拭目以俟之。

时

乾隆岁在戊寅季春上浣壳旦

赐进士出身文林郎、即选知县、改授琼州府教授、年家眷梁连元顿首拜撰并书

东和墟做梨园景十约恭候圣母祭文

伏以

天德巍峨，千载共沾恩泽。后仪赫濯，四民咸沐母恩。助皇矣，上帝体庶类以施仁。惟至哉，坤元护商约而保艾。诚普天之慈航，海内奉为保障者也。朔客岁十约同心，不日而成连云之市。四方争利，咸思来乐土之廛。兹届麦浪迎香，柳风送暖。演梨园而歌羽曲，神听和平；陈牲酌而肃衣冠，信心悫着。伏冀锡福，在迩默佑。将来宵小

逞强横，神威究治；嚣凌肆雀角，灵佑潜消。由是沙角成大都之会，海商齐来；东和聚贸迁之财，富客同到。河清海晏，额颂神圣之慈恩；利就名成，实沐尊神之大德。信绅等渥蒙鸿恩，无以仰答。霓裳歌舞，薄荐馨香。聊伸悃忱，鉴此觞豚。叩冀醉止，福禄绥之。尚享。

秋季祭祖墓文

维

中华民国□年□月□日届兹扫墓之期。今有墓下嗣孙□□等，谨以香楮、烛帛、清酌、菓品、庶馐之仪，致祭于□显祖考妣讳□名谥□□某大公（忠良□大母）一位墓前而祝曰：

恭惟

木有本也，枝叶芬芳。水有源也，派别深长。人有祖也，儿孙永昌。言念我祖，肇立纲常，创业垂统，百事周祥。幸获吉报，卜葬龙冈 。兹当秋露，祀荐一觞，敬具不腆，拜献茔堂。惟冀我祖，降驾歆尝，佑我后人，长发其祥，耕歌大有，读许名扬。房房富贵，户户安康。虔告。（尚）飨。

丧礼祭父（母）文

维

中华民国□年□月□日，届兹灵辆就道之期。今有阳居不孝□等，谨以香楮、烛帛、清酌、菓品、刚鬣、庶馐之仪，致祭于民故父讳□□谥□大公（母纯良□大母）一位之柩前，而哀曰：

其一

呜呼！（只合父用）

我父一别，音容杳茫。追忆生前，曷胜凄怆。育我兄弟，劬劳万方。课耕课读，旦昧不忘。田园庐舍，（据下文续）□□勤创。沐雨栉风，历尽冰霜。□□□□，□□温良。友爱兄弟，手足无伤。和邻睦族，五内慈□。行年□十，犹自康强。飘然而逝，遽入泉乡。形体莫睹，翘首怆惶。临棺哭奠，滴血洋洋。千秋万载，曷其能忘。灵其不昧，鉴此微觞。哀哉。尚飨。

其二

呜呼

父职性兮惠之德全（母懿德兮敬慎慈贤），生我育我兮训诲勤勉。我期父（母）寿兮亿万斯年，胡为一疾兮庐舍遽捐。使儿辈兮肠断泪涟，呼天撞地兮风木凄然。音容何适兮杳隔黄泉，四顾彷徨兮如狂如癫。抚膺呼唬兮欲见无缘，幽明永隔兮窀穸实宽。猿惊鹤唳兮虎泣半天，天长地久兮恨抱绵绵。□□□□□鉴此微筵。哀哉。尚飨。

合卺告祖祝文

恭维

夫妇造端，昭千古之大典。婚姻正始，开百世之伦常。嗣孙夙订成婚，既诵于归之句。今言合卺，还歌麟趾之章。敬具牲醴，俎豆馨香。惟冀我祖，陟降洋洋。荫佑儿孙，永笃唱随之义；宜尔家室，长盟好合之光。从此螽斯，爪瓞绵长。谨告。尚飨。

其他文书

过房嘱书

立嘱书数人□□同妻□氏，今因年登几十，未有产育。夫妻商议，见（现）得□房兄弟□名所生弟己子，前来抱养，作为亲生之子。当日凭中、房族人等，议定身契钱若干。其男至成长大，上承□宗祖，下继□产业。日后房族叔侄兄弟，不得以大压小，以强欺弱，霸占争夺等情。此男永远不得回父亲之家。倘日后有反恩负养，天日垂鉴。若存天理，所行子孙振振富贵绵远。今欲有凭，嘱书数永远存照。

立分单

立分间兄弟□□等，窃闻往哲之遗风，岂宜一旦而分拆。弟恐人心不古，勉强同居，恐生嫌隙。是以兄弟和气酌议，敬请尊长亲戚□□名，将受祖父田及自己续置地基、田园、竹木、财物等项，俱一搭匀均分，拈阄为是。逐项载明，至公无私，各宜守分。此后照开管业，不得以大压小，以强弱欺弱。如有争竞等情，执此鸣官究治。恐口无凭，立此一樸关帖几本，永远为子孙存照。

立卖断房契

立卖断房契人□□，先年父遗下并自己创造，有房屋几间、几廊，乃是山边余地。今因家中少金应用，父子夫妻商议，情愿将此屋出卖断与人，先招亲房胞兄弟叔侄人等，俱各不能承接。后请中人□□，送与□□家中兄弟出首承卖。当日凭中三面言定，时值屋价铜钱若干。此金与屋契即日经中面交明白，并无短少，亦无债货准折等情。其屋上连桁桷、屋面，中连棚桁、棚扳，下连地基、门搧（扇），与门擎、门搭、砖石等件，俱一卖断在内。此屋自卖以后，任□□修整、开门、塞门居住。□□父子夫妻兄弟不得异说生端反悔。亦不得另加价刬削等情。此系二家允意，两无迫勒。恐口无凭，立卖断屋契数，永远存照。

立赁耕田

立赁耕田数人□□，今因家中少田耕种，自己来问到□□人家中，赁过田种籽几斗。原载□宅租岁几斗。当众面言定奉回田利岁几石。其田租税，系赁耕者还纳，务要完足。此利岁纳至二造清完时，不得拖升合。倘有科派公务，系随田所派赁耕用人所出，不干田主之事。恐口无凭，立赁耕田数存照。

请会（一）

久违台范，时切高风，迩者初秋之候，正。

□亲／台德辉丕绪之际也，贺贺。兹者因手乏，别无良策，故以相请戚友十余位，助帮一会。转念□叔台与弟深情若胞，必不我弃，故修寸楮，望台善为鼎力，则感雅谊无既，临楮神驰，弗胜翘企

请会（二）

梅堆玉白，柳绽金黄。际此春光明媚，稔知老长兄台，福履绥之，无任健贺启者。弟近欲成一举，除自办之外，尚欠百金。兹蒙众襄助我一会，众力帮扶，功成可俟。但会份尚欠几人，非殷实素信，未敢轻情。想足下素封之家，且叨雅爱，未必不肯弟是从也，若会金议以十元，一年两交。如肯慨诺恳如，欲高车过舍，俾得亲炙清音，亦稍慰晦明风雨中之渴想离宗矣。临楮神驰，曷胜翘企。仰祈丙照，并贺新禧不戬。

推举更练

启者：照得更练□姓名，巡逻本乡及上下坑等处地方，亦颇有功。兹众公集议，△年复举△姓名，巡逻垣墙，看守牛只，以及田禾、地瓜、粟麦、芋菜、松山、竹木等项。至工食一切，照旧章程。每一付犁耙该出谷三斗，米六升，地瓜□斤。虽耕种田少，亦要照出，不得借言抵御。如家未耕田无犁耙者，每户该出金壹百文，米弍升。倘有睚　不出，许更练经投耆老理论。设或练丁徇情不收，毋得异言。其练丁不论昼夜怠惰巡逻，一经失物，务须照旧章程，典田卖屋亦要赔足。不得空言抵塞。特此谨白。一拟有偷盗各项什物、松山、竹木一切者，罚金贰千文。

上表救婴

伏以

大德巍峨护众庶以生男之福，

王灵赫濯佑诸妇以育女之恩。

本博爱以为仁广嗣念切，

秉好生而为德保赤情殷。

今据大清国广东道广州府新安县第六都官富司属莲麻乡爰处沐　恩郡庠生□名职员□姓名州同□监生□信士□姓名等，为救婴命事。

切思附近乡村星罗杂处，狃于积习，无论贫富之家，生女即行溺弃。生等仰好生之德，体保赤之诚，不忍溺女伤生，有乖阴阳之育，致干天地之和。故集本乡及上下坑各姓同志，签题劝谕，设法抚养，倡为救婴之会，以除溺女之风。是以卜取□年□月□日，合乡绅士等诚心虔具果品微仪，恭向　大王坛前，稽首上表，倾心昭告救婴一事，并请　尊神临敬，修书室坛中，举救婴首事一名、副理四名，捐资生息，缮贮不艮，保养窘户女婴。实力举办，有私天厌，誊注案内簿中，恳求申奏天庭诸神鉴察，庶虺蛇梦，入欣占女子之祥。鱼鳖乡深，免赴河神之召。俾倒绷而无虑，亦抚育而有资。合乡绅士等不瞻　恩仰德激，切屏营之至。谨拜表恭进以闻。

天运□年□月□日莲麻乡绅士等百拜上表

同治十一年救婴事

同治十一年十贰月初六晚救婴事，降乩举首事、副理全到。盖闻聚沙成山，积水成池。今欲成其美举，断非三五之力所可支。故必端赖阖潭各姓善士同扶其事，则女婴幸甚尔，各姓亦幸甚。此乃文武二帝及诸神之厚望也。吾欲各姓举一人，尔等以为何如？虽然事一举，非举之艰，实行之艰。尔等欲举首事一名、副理四名，而举行其事，实欲永垂世世，正非一朝一夕之计。尔各姓少有闲人能干其事者。文庠叶荣林首事，叶成琼、叶定钦、叶定麟、叶昌颖副理。尔各姓芳名未能一一尽举者，须要共扶其事，不可有一毫怠惰之心。夫岂理事者始有福耶？有心于此事者，吾即表奏于二帝之前，尔往毋忽，福有攸归。去！去！

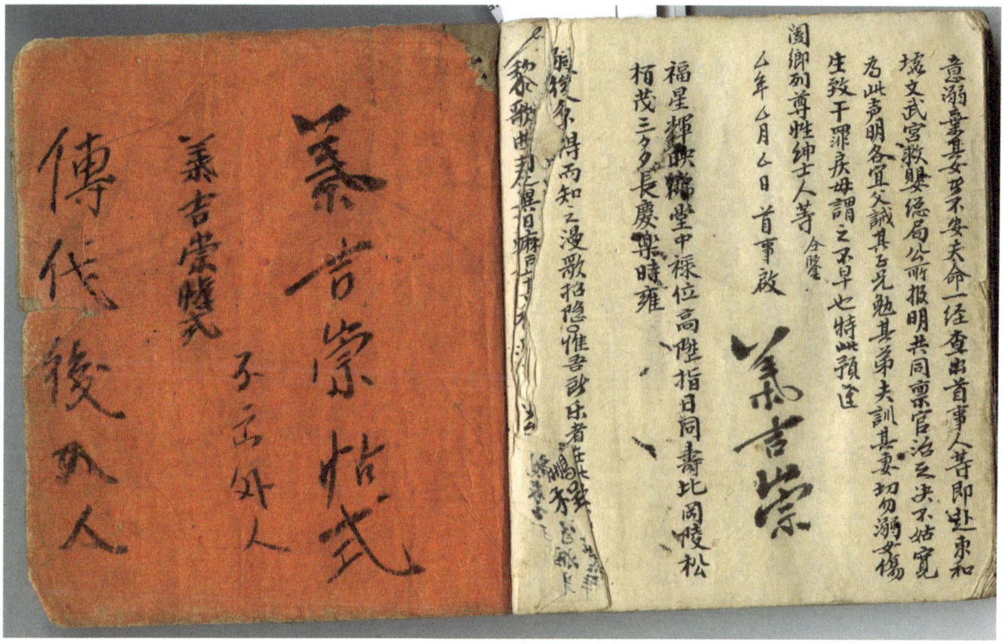

《叶吉崇帖式》成书于清朝，是在莲麻坑世代流传的手抄本民间文献手册（由叶伟彰博士提供）

吊钟花

名人与名村

莲麻坑人才辈出。村里先后涌现出同盟会暹罗分会会长叶定仕，曾投身抗日的马共领导人刘一帆，东江纵队、粤赣湘边纵队香港老战士联谊会会长叶维里，1982—1985 沙头角乡事委员会主席叶胜，1989—1992 香港律师会会长叶天养，2013—2016 全英华人社团联合总会会长叶剑桥，香港足球运动员叶鸿辉等。

历史名人

叶思发（生卒年不详） 号眉山，系叶氏诸良公一百零三世、大经公十九世、梅实公十一世，莲麻坑叶氏始祖。于清顺治年间（1644—1661）生于广东揭西县五云，殁于清康熙年间（1662—1722）。叶思发为人善良敦厚、诗书孝友，但“怀抱利器，不遇于世”。辗转到东莞县清溪教书，居于东莞县松园厦。叶思发娶妻邱氏，生叶达波、叶达滨二子。又曾娶妻曾氏。达波、达滨先后到东莞与父亲团聚。兄弟二人尊称父亲叶思发为莲麻坑叶氏始祖，在他辞世之后，将其安葬在莲麻坑附近的坪阳瓦窑吓蜈蚣地。

叶达波（1680—1750） 莲麻坑叶氏家族开基祖。生于清康熙十九年（1680）。其父叶思发由陆丰螺溪到东莞县清溪教书，居于东莞县松园厦。达波、达滨兄弟二人幼年丧母，后到东莞与父亲团聚。清康熙四十九年（1710），叶达波到广州府新安县莲麻坑开基立业，叶达滨随后到达。叶达波初到莲麻坑时生活艰苦，替冼氏族人看牛，夜宿牛棚。叶达波后娶清溪杨屋杨氏为妻，牛棚主人以牛棚作贺礼送给叶达波作新居，为叶氏家族在莲麻坑的第一个物业。叶达波持己待人，好善乐施。湖背、田心等地道路泥泞难行，他找人用麻石加以砌筑。他曾“捐资以息讼争”，“舍棺以殡无归”。

叶达波娶妻杨氏，生有廷玺、廷相、廷显、廷扬、廷英五子。他于乾隆十五年（1750）辞世，葬于莲麻坑水口山。

容觐彤（1876—1933） 字咏兰，原籍广东省香山县南屏村，出生于美国康涅狄格州雅芳镇，为“中国留学生之父”容闳的长子。1898 年，容觐彤获耶鲁大学学士学位。1901 年，容觐彤获哥伦比亚大学矿业工程师学位。1924 年 9 月 20 日，容觐彤致函香港政府，申请莲麻坑矿场采矿牌照。12 月 2 日，香港政府批准容觐彤的申请。在此之前，莲麻坑矿场曾由其他公司开采，但因效益不好，很快就关闭了。在容觐彤的经营下，莲麻坑矿场有了新的发展。他主持发掘 6 条矿道，建造的隧道长约 2100 米。1927 年，莲麻坑矿场每个月生产 1500 袋铅矿石，每袋重 20 公斤，由九广铁路运送至九龙，然后销往海外。20 世纪 20 年代末，国际铅价下跌，莲麻

容觐彤肖像

坑矿场经营困难，容觐彤遂将工作重心转往上海。莲麻坑矿场仍在运作，他去世后转手他人。容觐彤于1933年9月12日在北平去世，享年57岁，归葬于香港薄扶林华人基督教坟场。容觐彤的养子容永道、儿子容永成后成为著名的会计师，容永道是全球顶尖会计师事务所普华永道的创办人之一，容永成担任过新加坡电信局主席。

叶定仕（1879—1943） 出生在莲麻坑村一个贫苦的客籍农民家中，16岁时被“卖猪仔”到暹罗曼谷做裁缝学徒。出师后因手艺高超，受到暹罗王室好评，于1905年与暹罗王室一位公主结婚。叶定仕承包了暹罗陆军军服生产，逐渐成为有较高经济、社会地位的侨领之一。1907年，叶定仕成为中国同盟会暹罗分会第一批会员。后来，叶定仕被推选为会长。同时爱国华侨成立可公开活动的中华会所，叶定仕为创办人之一。1909年，暹罗同盟会响应孙中山号召，在暹京曼谷组织光复云南机关。1910年，叶定仕曾营救被暹罗警方逮捕的同盟会同志。叶定仕在筹款支持革命党人武装起义方面贡献良多。1943年，叶定仕在贫病交迫中逝世于莲麻坑村。

刘一帆（1911—1984） 出生于牙买加，3岁丧母，由父亲带回原籍莲麻坑迳肚，交予祖父母抚养。1935年，刘一帆赴马来亚谋生。1937年，他担任霹雳州筹赈会主席兼秘书，1938年正式参加马来亚共产党。1939年，他组织“抗战民歌团”进行抗日宣传、筹赈活动。1940年，刘一帆化名刘少白，到霹雳州朱毛埠培南学校任教。他曾组织培南宣传队华人居民区宣传演出、义演义卖，赈济祖国难民和“援助八路军”。马共中央七次扩大会议后，调任森美兰地委宣传部长。1941年12月，太平洋战争爆发后，刘一帆曾滞留于马来亚人民抗日军第三独立队。战后初期，刘一帆任森美兰州马共办事处公开代表、吉隆坡办事处公开党代表、马共中央机关报《民声报》社长兼主笔。1948年6月20日，英国殖民当局查封《民声报》，并被判刑18个月，实际被关押至1955年。1955年后，刘一帆到北京工作。1984年，他在广州病逝。

叶金（1913—1998） 族名叶祥林，生于泰国。其祖父叶定茂和父亲叶吉宾在泰国开设裁缝店。叶金出生后曾短暂返回莲麻坑生活，后回泰国定居。在父亲安排下，叶金曾到华文学校寄宿并接受教育。20世纪30年代，叶金随家人返回莲麻坑定居。除务农之外，他曾协助村长处理莲麻坑村的文书工作。1957年，香港政府推出“小学扩展的七年计划”，村民亦有意为敬修学校兴建新校舍。叶金对振兴教育极具热诚，为解决敬修学校新校校址的土地问题，叶金将他部分松山捐出。叶金育有2子2女，其小儿子叶长风于2011年被选为莲麻坑村村代表。

叶胜（1916—1991） 族名叶定辉，出生于华侨家庭。父亲叶成翘早年在檀香山开办农场。9 岁时，其父叶成翘因病辞世，生活逐渐变得困苦。在敬修学校读书期间，叶胜时常陪母亲到农田工作，后曾在矿山做矿工。20 世纪 50 年代，叶胜担任工头，公司最多时有工人二三百人。1962 年，叶胜被推举为莲麻坑村长，连任近 30 年。20 世纪 60 年代莲麻坑对外交通极不便利，叶胜曾自行购置一辆货车，接送村民进出莲麻坑。他发动村民捐出村口的土地，兴建莲麻坑游乐场；组织修建莲麻坑村公所背后的道路。20 世纪 60 年代，为使莲麻坑村获得充沛的水源，叶胜以深杯坑汇聚附近多个山脉的溪流，并获香港政府渔农部门拨款数十万元兴建工程。叶胜曾担任沙头角乡事会执行委员、副主席，1982 年担任主席。

叶青茂（1923—2011） 原名叶理山，生于泰国曼谷，系叶定仕次子。1937 年 9 月，叶青茂在中共党员梁金生创办的宝安县草埔民族中学附小就读，受梁金生影响参加草埔抗日自卫队和抗日宣传队。1944 年 10 月，叶青茂参加东江纵队。1945 年 5 月，叶青茂在东江抗日军政干部学校结业后，任东江纵队第三支队作战参谋。1946 年 6 月，叶青茂随东江纵队主力部队北撤至山东解放区。叶青茂历任华东军政大学教导团队列参谋，两广纵队教导支队和纵队司令部作战科参谋、教导总队连长，第二师司令部作战科参谋等职，参加过豫东战役、济南战役、淮海战役。1949 年，叶青茂在广东战役中记三等功一次。

叶青茂（前左）与其子叶坚（前中）、母亲梁娇（前右）、叶瑞山（后）合影

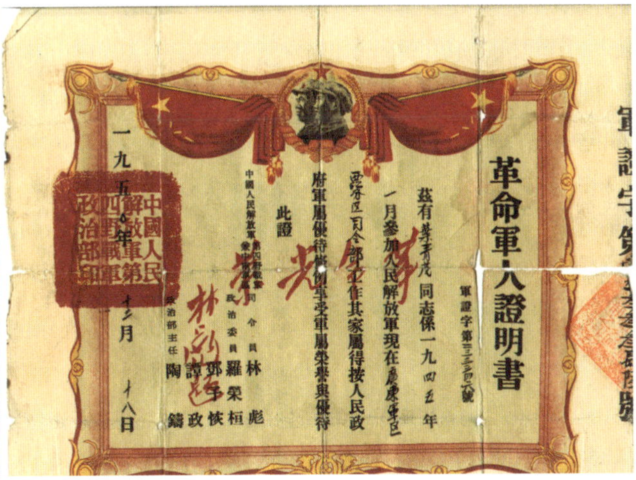

叶青茂的革命军人证明书

抗美援朝期间，叶青茂参与中国人民志愿军空军对美国空军作战的地面指挥。1953年9月至1966年，任中国人民解放军空军高级航空学校理论训练处战术教员、主任教员、教研室主任、副处长、处长等职。在高级航空学校期间，获记三等功3次。1978年9月，调任解放军政治学院第二军事教研室军兵种教研组组长。1955年，叶青茂被授予少校军衔；1962年晋升为中校，获三级解放勋章。1988年，被授予独立功勋荣誉章。1982年2月，叶青茂离职休养，回到深圳长岭村。他曾参与广东省武装斗争史编写工作，并担任深圳市关心下一代协会秘书长。

叶炳（1926—2012） 出生于莲麻坑村，早年侨居于英属北婆罗洲。1942年，日军占领北婆罗洲，叶炳与父亲叶吉寿曾被日军强行征召充当苦力，而且父亲自此就下落不明。战后叶炳转到阿皮亚当时最适合发展农业的斗亚兰镇谋生，闲暇时间投身公益事业。叶炳曾为兴建华文学校“山打根新华学校”筹募建校基金；又曾加入“公友社狮队”，带领狮队在春节期间与当地华侨拜年。1981年，获沙巴州元首颁发的社会有功人士勋章。2011年10月，叶炳在4个儿子的陪同下返回莲麻坑村。2012年夏，86岁的叶炳安详离世。

叶炳（左）接受勋章（1981年）

叶维里（1927—2013） 出生于巴拿马，系巴拿马华侨叶定铣之子。1942 年冬，曾被日军抓去遭受毒打。1943 年 10 月，叶维里与伙伴试图炸毁当时被日军控制的矿山，但未获成功。1943 年秋，叶维里越过深圳河加入广东人民抗日游击总队。1944 年 3 月，他组织沙湾人民临时突击队，第二次攻打莲麻坑矿山。1945 年 2 月，作为手枪突击队员兼向导，叶维里引领东江纵队飞龙大队三打莲麻坑矿山，将矿山变成废墟。1949 年，叶维里担任粤赣湘边纵队副营长。他奉命攻打珠海的三灶岛，并部署缴获一架美式 B26 轻型轰炸机。事后，叶维里所在营获中央军委通令嘉奖。1955 年，叶维里被授予大尉军衔，获三级解放勋章、抗日独立自由奖章。1965 年叶维里任广东省荣军疗养院院长，后担任广东省民政厅办公室副主任。1979 年，叶维里被派回香港工作。1989 年离休。1999—2013 年，任东江纵队、粤赣湘边纵队香港老战士联谊会会长兼老战士之家主席。

叶剑桥（1956—2016） 出生于莲麻坑村，叶祥振次子，年幼时跟随父母移居英国。1976 年，20 岁的叶剑桥周末在中餐馆兼职，把握机遇并获得创业的第一桶金。1980 年，创办志业集团有限公司。2010 年，叶剑桥获英国投资署颁发出进口商业成就奖。叶剑桥热心参与英国华人社团工作，自 2005 年起担任英国曼城华人社团联合会会长。2013 年，英国全英华人社团联合总会改选，叶剑桥当选为总会会长。叶剑桥致力于推动中国和英国文化、经贸方面的合作、交流，曾先后担任第十届全国政协海外侨胞列席代表、第十届广东省政协列席代表、中国海外交流协会常务理事、中华海外联谊会理事、中华全国青联留学人员联谊会副会长、中国辽宁省政协经济顾问、世界杰出华商协会副主席等。

◉ 名人与莲麻坑

叶定仕之子叶瑞山与莲麻坑 叶瑞山（1931— ）出生于泰国曼谷，系叶定仕第三子。1948 年年初，叶维里在叶定仕故居后山设立秘密交通站，叶瑞山及母亲梁娇曾参加交通站工作。1949 年，叶瑞山加入粤赣湘边纵队惠东宝护乡团，守卫深圳边防。1952 年，叶瑞山调到粤中公安大队任军需员。1955 年 7 月，叶瑞山获中南军区第四野战军司令部、政治部颁记三等功一次。

1956 年叶瑞山转业至湖南省地质局下属地质勘探队，历任工会主席、生产技术组组长、汽车队队长等职。1983 年，叶瑞山调任招商局蛇口工业区港务公司机械部经理。1987 年，叶瑞山获批回香港定居。回港后，叶瑞山在香港、台湾等地拜访有关部门和历

20 世纪 50 年代初，叶瑞山（右二）在粤港边境服役时与战友在深圳河畔合影。背景的建筑物是港英政府修建的罗坑“麦景陶碉堡”

2011 年，叶定仕后人在叶定仕故居前合影，前排中坐者为叶瑞山

史专家，收集其父叶定仕的档案、文献。于 2011 年完成《叶定仕传略》的撰写，并促成《新界原居民中的辛亥革命元老叶定仕》一书的出版。

1997 年后，叶瑞山不断与政府部门进行沟通、磋商，香港特区政府于 2009 年将叶定仕故居列为法定古迹。

香港律师会会长叶天养　叶天养（1938— ）生于牙买加，为莲麻坑旅居牙买加华侨叶定镜幺子。1959 年，叶天养至英国工作。1961 年，叶天养考进新特兰技术学院。1966 年，获取律师资格。为照顾年长的父亲，叶天养于 1971 年 8 月从英国返港执业。

1989 年 5 月，叶天养出任香港律师会会长，成就了香港律师会访问内地之行。1990 年 11 月 15 日，叶天养带领香港律师会访问团前往北京、上海访问，获国务院港澳办公室主任鲁平、港澳办原副主任李后等接见，并与司法部、全国人大法制委员会、最高人民法院进行业务交流。应中华全国律师协会要求，香港律师会同意，自 1991 年起，内地每年派 6 位律师到香港交流。

1976 年 8 月，叶天养被委任为郊野公园及海岸公园委员会首任委员，成为新界居民与政府沟通的桥梁。1981 年，被香港政府委任为非官守太平绅士。

“行政长官社区服务奖”获得者叶伟彰　叶伟彰（1949— ）在莲麻坑村出生。父亲叶石带，又名叶吉铠。他曾在英国里兹大学修读经济及统计学。1976 年毕业，获颁一级荣誉学位。1977 年，在曼彻斯特大学取得计量经济文学硕士学位。1978 年，叶伟彰从英返港，到香港理工学院担任讲师，教授统计学课程。1991 年，获英国里兹大颁计量经济哲学博士学位。

在香港理工大学任教 30 多年，叶伟彰曾担任应用数学系助理教授、副教授，同时是英国统计学会院士。1991 年，叶伟彰被推选为莲麻坑村村代表，曾为村民筹建村公所、翻新敬修学校。

1999 年，叶伟彰获推选为沙头角乡事委员会首副主席。他与警方多次协商，成功争取简化申领禁区通行证程序。他曾担任新界乡议局关注禁区未来发展小组召集人，多次撰写报告书、意见书，供政府相关部门参考。

叶伟彰博士曾担任新界乡议局增选执行议员、新界乡议局新界传统文化事务会、教育文化及宣传委员会主任委员、北区推广使用信息科技地区委员会主席；上水育贤学校校监等公职。2005 年，荣获行政长官社区服务奖。

2005 年 11 月 26 日，叶伟彰博士（右）获颁行政长官社区服务奖

服务村民 20 余年的村代表叶华清 叶华清（1955— ）自 1995 年开始，被选为莲麻坑村村代表，六届连任。现任莲麻坑村公所主席、新界乡议局特别议员、沙头角协会创会会长、世界叶氏联谊总会永远荣誉会长、莲麻坑村海外（英国）联谊会名誉会长、莲麻坑村海外（马来西亚）联谊会永远荣誉会长。

中学毕业后，叶华清前往英国经营生意，曾涉足运输业、保险、古董店、家俬店、

1989 年 9 月 17 日，叶华清在爱丁堡举行的苏格兰华人慈善运动日担任“舞龙头”，该龙由中国驻爱丁堡总领事馆赠送

房地产业等。叶华清曾任爱丁堡华人协会理事，在当地华人、华侨中颇有声名。1993 年，从爱丁堡海瓦大学毕业，获精算学学士学位。1994 年，叶华清返回香港定居，经营地产等生意，后返回内地投资经营鸵鸟饲养业和鲍鱼养殖业。

作为莲麻坑村代表，叶华清已服务村民 20 余年。他曾多次带领村民参与维护原居民合法权益的活动。2003 年，担任沙头角乡事委员会首副主席时，他与上水、粉岭、打鼓岭、沙头角 4 区乡事会及部分立法会议员共同努力，促成特区政府于 2006 年宣布开放与深圳连接的边境禁区 7 成土地。

他曾努力争取将叶定仕故居列为古迹、将叶氏宗祠和叶祥霖客家大屋列为三级历史建筑。他捐资 10 万港元，为在叶定仕故居前小广场竖立孙中山铜像。

曼彻斯特“华人之家”创办者黄叶莉薇　黄叶莉薇（1957— ）生于莲麻坑村，祖父叶吉辉，父亲叶祥业。1972 年，她随家人移民英国。1982 年，她转到英国诺定咸理工学院读时装设计市场学课程，1985 年取得学士学位。此后，叶莉薇专心于时装界发展，创立个人品牌，曾在一间时装公司担任首席设计师。

自 1974 年开始，她先后在英国利兹的中文学校担任义工教师、行政校长和校长，教育侨居异乡的华人子弟。2005 年，叶莉薇创办曼彻斯特华人之家并任会长。华人之家设有多种课程，协助华人适应新环境，并推动英国社会的中文教学。除提供免费的法律咨询服务、翻译服务和就业咨询服务外，华人之家还举办多元化的文化活动，例如开办关

黄叶莉薇的祖父叶吉辉（右一）和祖母叶温娇（左一）

2014 年 6 月 22 日，“华人之家”参加曼彻斯特日大游行

M.E.N. THURSDAY, OCTOBER 23, 2014 Follow us on Twitter @MENnewsdesk 31

● Award from the prime minister for pillar of the city's Chinese community who runs weekend school

JENNY IS A SHINING LIGHT

Chris Slater
chris.slater@men-news.co.uk
@chrisslaterMEN

A PILLAR of the city's Chinese community who has run a weekend school for more than three decades has been given a special award by the prime minister.

Jenny Wong first began volunteering at the Chinese Supplementary School in 1976 and has devoted thousands of hours of her time to teach, coordinate and run school trips for youngsters.

Over that time the school, in Ardwick Green, which runs for two hours every Saturday, has grown from just a handful of pupils to now more than 260 current students and 27 volunteer teachers.

Married mum-of-one Jenny, 57, now been selected for a special prize recognising her dedication by David Cameron.

The school is part of the Manchester Chinese Centre, a charity that helps Chinese people develop their skills and maintain their social wellbeing.

Jenny, from Didsbury, is also a key volunteer at the Manchester Chinese Archive project which tells the story of the Chinese community in Greater Manchester.

Starting from just four postcards, Jenny has worked with other volunteers and the Manchester City Archive to gather 55 oral history interviews, films of community events, and examples of magazines, newspapers and art.

Every day a volunteer is chosen to receive a Point of Light award, to celebrate their achievements.

And announcing the prize, the prime minister hailed her role in developing the regions's Chinese community.

Mr Cameron said: "The UK Chinese diaspora contributes hugely more than its numbers might suggest, across business, the arts and culture.

"Chinese people in Britain are some of the most hardworking, some of the most law abiding, some of the most solid citizens of our country.

"Jenny is no exception. Her dedication to young people in Manchester is fantastic to see.

"Thanks to her commitment to Chinese education, they are able to learn about their heritage as well as celebrate living in here in the UK. I am pleased to name Jenny the UK's 137th Point of Light."

Jenny said: "I'm so honoured to receive a Point of Light award.

"I am passionate about enabling the Chinese community in Manchester to reach out to others in the local area and the Chinese Supplementary School has helped children from all backgrounds to appreciate and learn about Chinese culture."

● Jenny Wong, director of the Chinese Centre

"Finding an alternative to bank finance was our recipe for success"
Timo Schmidt, CEO of Gousto

2014 年 10 月 23 日，《曼彻斯特晚报》关于黄叶莉薇成为“每日光点奖”获奖人的报道

于中国文艺、中国历史、中国美食、太极武术等主题的工作坊以及筹备中秋节、春节等庆祝活动。

2014 年，叶莉薇获英国首相府嘉奖，成为“每日光点奖”第 137 名获奖人。

香港足球先生叶鸿辉 叶鸿辉（1990— ）生于香港，为叶官和次子，莲麻坑旅马华侨叶有（又名叶带有）之孙。叶鸿辉幼时经常跟家人一起返莲麻坑祭祖。

2001 年，11 岁的叶鸿辉参加由香港足球总会主办的“麦当劳青少年足球推广计划”。中学时，他加入“香港青年军”[①]。2007 年，叶鸿辉加入一支以年轻球员为主的新球队——华家堡。叶鸿辉曾效力东方、天水围飞马和南华等球会，协助各球会赢得多个冠军。

2009 年，19 岁的叶鸿辉代表中国香港队参加东亚运动会。这是他首次代表中国香港队参与的大型赛事，球队首次夺得综合运动会金牌。叶鸿辉曾协助中国香港队赢得龙腾杯冠军和省港杯冠军。在 2015—2016 年度的香港足球明星选举中，叶鸿辉获选香港足球先生。

---

① 香港青年军，即香港足球代表队青年组。

叶鸿辉在香港足球先生颁奖典礼上（2016 年）

人物名录

莲麻坑部分名人表

表 15

姓名	出生年份	主要事迹
叶新才	1921	1956 年前往英国谋生，在英国开设莲香、金城、金殿等酒楼，曾为赴英谋生的莲麻坑村村民提供无私的帮助。55 岁退休回港，被推举为莲麻坑村海外乡亲联谊会名誉会长
叶祥霖	1928	1957 年出任莲麻坑村村长、敬修学校校监，任内筹建敬修学校新校、修桥筑路、修建水塘、疏通河道，向嘉道理农场等申请在村外建立养猪场，为贫苦村民解决生计
胡咏智	1928	莲麻坑敬修学校首任英文老师，1956—1967 年在职。工余时间曾为村民义务撰写英文信函，教习准备赴英工作的村民英语。胡咏智热爱摄影，用镜头拍摄许多莲麻坑村和敬修学校的珍贵历史照片
谢卓言	1938	1983—2003 年在莲麻坑敬修学校担任校长，除改善学校环境外，更致力推动学生入学，曾免费接送学生上课。1983 年学校只有 3 名学生，至他退休时，在校学生 170 多人
叶秋平	1946	曾服务香港警队 37 年，职至警署警长，退休时获颁模范服务证明书。2003—2011 年出任莲麻坑村村代表，致力改善村内环境，包括争取改建桥梁、疏通河道、增建街灯、美化“风水塘”等
叶运强	1949	退休前是专业会计师，曾任沙巴海港局总会计师兼财政部经理，2004 年获沙巴州政府颁发的 ADK 勋章。2013 年莲麻坑村海外（马来西亚）乡亲联谊会成立后，获推举为名誉主席
叶长风	1954	叶金之子，中学毕业后投身建造业。工余时间钻研室内设计，取得香港设计学院室内设计高级文凭。2011 年当选莲麻坑村村代表后，一直为村中事务四出奔走，并多次参加维护原居民合法权益的活动。2015 年连任村代表

续表 15

姓名	出生年份	主要事迹
叶玉安	1956	热爱武术，1974 年获香港国术总会搏击分组赛中量级冠军。1991 年出任莲麻坑村村代表，积极解决村内的各种问题，包括水塘堵塞、水管爆裂、道路损毁等。自 1993 年迄今担任叶思发祖司理
叶瑞光	1956	莲麻坑旅居马来西亚华侨叶祥福之子，现在马来西亚经营油棕园和油棕贸易。他出钱出力筹办莲麻坑村海外（马来西亚）乡亲联谊会，担任首届主席，曾多次率海外乡亲回乡观光、寻亲祭祖
叶文兴	1961	毕业于伦敦圣托马斯医学院，后获得皇家外科医学院医生学位。1991 年出任香港中文大学韦尔斯亲王医院副教授。其后移居新加坡，任运动与重伤骨科主任。2013 年设立“叶文兴医生助学金”，资助莲麻坑子弟修读大专课程
叶汉雄	1962	开设一间绿化工程公司。2003 年，当选为居民代表后，热心参与莲麻坑村的民生事务以及维护村民合法权益事务。2015 年，自动当选新一届村代表
叶威雄	1971	马来西亚恒顺贸易公司等公司创办人。曾当选马来西亚沙巴州山打根市议会议员，获沙巴元首授予的社会有功人士勋章。2013 年，出任莲麻坑海外（马来西亚）乡亲联谊会副主席
叶稳坚	1982	旅英华侨，于 2010 年加入“英国华人参政计划”，2015 年当选为西米德兰兹郡伯明翰萨顿纽霍选区的民选代表。他在英国致力为华人事务发声，推动华人参与政治，协助他们融入主流社会

敬修学校门前的樟树王

大事纪略

历经沧桑的莲麻坑村，在历史上曾发生过许多的大事、要事，记录着村落的形成、发展、变化。为使后世子孙铭记历史、感念先人，于此择其要者以记之。

清康熙二十七年（1688）《新安县志》记载莲麻坑村

清康熙二十七年，靳文谟主修的《新安县志》出版，详细记录了广州府新安县的人、事、地、物，也保留了不少重要的地方文献。新安县的范围包括今日的深圳和香港，两地位处南海之滨，古时较少引起史官的注意。靳文谟主修的《新安县志》是现存最早的一部新安县志，书中在“六都”管属村庄中列有莲麻坑。

17 世纪末至 18 世纪初各姓宗族迁至莲麻坑村

莲麻坑是一个多姓氏客籍村庄，村内主要有叶、冼、刘、官、张等姓氏。各宗族迁至莲麻坑村的时间略有不同，大都在清初迁海后陆续移至莲麻坑。最早迁至莲麻坑村的是冼氏家族，然后是官氏和张氏家族，最后是刘氏家族和叶氏家族，但叶氏后来成为村内大姓。

19 世纪中叶至 20 世纪初莲麻坑村民出国

莲麻坑立村以来，村民世代务农，生活自给自足。19 世纪中叶，中国陷入内忧外患，百姓生活于水深火热中，广东、福建沿海地区的居民被迫踏上出国打工的路途。莲麻坑村民加入了当时的苦力大军，到美洲、澳洲、南洋等地谋生创业。

容觐彤与莲麻坑矿场

1925 年 6 月 23 日，香港政府批准容闳的长子容觐彤经营莲麻坑矿场。在容觐彤的经营下，莲麻坑矿场建造 6 条矿道，总长度约 2100 米，每个月生产 1500 袋矿石，每袋重约 24 千克。后容觐彤积劳成疾，1933 年于上海逝世。莲麻坑矿场的业权辗转由香港矿业公司购得，矿场取得极大的发展，仍归功于容觐彤开发了完善的矿道。

2014年12月6日，容闳长孙、容觐彤之子容永成（左一）参观叶定仕故居。叶瑞山（左二）向其介绍父亲叶定仕生平事迹

1942 年莲麻坑村民救助英军

1942 年 2 月 6 日，英军少校门罗、香港义勇防卫军上尉特雷费和英国皇家空军的包格 3 人，从深水埗战俘营逃走并抵达莲麻坑。不久，英军中尉帕斯穆尔、费尔克拉夫和韦德伯尔尼等人亦逃到莲麻坑。除了为英军提供粥水、鸡蛋等食物外，莲麻坑村民为这批英军寻找向导，协助他们穿越边境线逃至中国内地。抗战胜利后，香港政府向莲麻坑村颁赠 2000 港元奖金，褒扬莲麻坑村民的贡献。

日军两次大拘捕

1943 年 10 月 9 日，70 多名莲麻坑村村民被日军拘捕，带回沙头角宪兵部囚禁。日军指控莲麻坑收容和协助英军俘虏、参加轰炸粉岭无线电台工作、联络和藏匿游击队等罪名，对村民严刑拷问。24 岁的村民叶天祥被打至身亡。1944 年 9 月 8 日，莲麻坑再次被日军包围，将村中约 60 名 16 岁以上的男性村民拘捕。日军指控莲麻坑村民偷走莲麻坑矿山的炸药，对被捕村民施以酷刑。村民叶天送和叶生惨遭折磨，医治无效身亡。

◉1945 年 2 月三打莲麻坑矿山

莲麻坑矿山盛产铅锌矿，铅锌可用于制造子弹。入侵香港后，日军强迫莲麻坑村民继续采矿。村民叶维里两次尝试炸毁矿山未能取得成功。1945 年 2 月，飞龙大队（东江纵队第二支队第三大队）大队长曾春连率领 200 多名游击队员攻击莲麻坑矿山，由叶维里担任向导，成功将矿山日军击溃。游击队将有用物资搬走，然后放火烧毁矿山，使日军再也无法利用莲麻坑矿场资源。

◉1959 年 7 月敬修学校新校竣工

1957 年，莲麻坑村长老响应香港政府的“小学扩展的七年计划”，发动筹建敬修学校新校舍。敬修公立学校建校委员会由叶定铣担任主席，叶定镜担任副主席。村内每家每户以及海外的莲麻坑乡亲都曾为建校事宜出钱出力。建校工程于 1959 年 7 月完工，敬修学校新校于同年 8 月正式启用。

◉1990 年叶天养带领香港律师会访问团访问北京、上海

1990 年 11 月 15 日，应中华全国律师协会邀请，香港律师会会长叶天养带领香港律师会访问团前往北京、上海访问。访问团与司法部、全国人大法制委员会、最高人民法院进行业务交流。

◉2011 年 11 月林郑月娥访问莲麻坑

2011 年 11 月 12 日，特区政府发展局局长林郑月娥在叶瑞山、叶华清等陪同下参观莲麻坑村和叶定仕故居。访问期间，林郑月娥提议莲麻坑设立一个历史文化保育基金，发展旅游业、民宿和历史文化保育点。

2011 年 11 月 12 日，特区政府发展局局长林郑月娥（前中）在叶华清（前右）等陪同下参观莲麻坑村

2011 年 12 月“孙中山铜像揭幕暨叶定仕故居重修开放典礼”举行

2009 年年底，香港政府将叶定仕故居列为法定古迹，特区政府古物古迹办事处拨款 700 万港元为故居进行修葺。2011 年 12 月 30 日，为纪念辛亥革命 100 周年，“孙中山铜像揭幕暨叶定仕故居重修开放典礼”在莲麻坑村举行。新界乡议局主席刘皇发、叶定仕后人叶瑞山，以及来自香港社会各界的嘉宾 200 余人。

2014 年黄叶莉薇获英国首相府嘉奖

2014 年 10 月，黄叶莉薇获英国首相府嘉奖，成为“每日光点奖”第 137 名获奖人。时任英国首相卡梅伦在颁奖词中表示：“英国的华人族群对商业、艺术和文化作出巨大贡献，英国的华人又是最勤奋、最守法、最坚实的公民族群之一，黄叶莉薇也不例外，她培育曼彻斯特青少年的工作做得非常出色，有赖她对华文教育的贡献，华人青少年得以学习他们的遗产，共庆他们在英国的生活。”

2015 年 9 月 16 日，《莲麻坑村志》(繁体字版) 新书发布会在新界乡议局新大楼举行，新界乡议局主席刘业强致辞

2015 年 9 月香港第一部村志——《莲麻坑村志》(繁体字版) 举行新书发布会

2015 年 9 月 16 日，香港有史以来第一部村志《莲麻坑村志》新书发布会在新界乡议局新大楼举行。新界乡议局主席刘业强、中联办新界工作部副部长张肖鹰、香港地方志办公室主任刘智鹏、中华书局（香港）总编辑李占领担任主礼嘉宾。该村志主编刘蜀永、苏万兴，沙头角乡事委员会主席李冠洪，莲麻坑村公所主席叶华清，新界乡议局议员，部分村代表和香港学者共 80 余人出席。《广东史志》及《黑龙江史志》其后分别刊登深圳市史志办公室主任黄玲和地方志专家梁滨久有关《莲麻坑村志》的书评。

◉ 2016 年 1 月禁区开放

2016 年 1 月 4 日,《2015 年边境禁区(修订)令》开始生效，莲麻坑村被划出禁区范围。1951 年 6 月 15 日，香港政府颁布《1951 年边界禁区命令》，宣布在新界边界地区实施封锁，进入或逗留在禁区的人必须持有港府颁发的通行证。1997 年香港回归以后，因应形势的变化和新界乡民的要求，边境禁区范围多次缩小。由于莲麻坑村附近一段约 700 米的边界巡逻路仍属禁区范围，市民进出莲麻坑村需持有效的禁区通行证。

主要参考文献

广东省地方史志办公室辑 :《广东历代方志集成》，岭南美术出版社，2006 年。

广东省地方史志办公室辑 :《广东历代方志集成》，岭南美术出版社，2006 年。

戴维斯 :《香港的地理环境》，伦敦柯林斯出版公司，1949 年。

陈匡民编著 :《美洲华侨通鉴》，纽约美洲华侨文化社，1950 年。

陶吉亚 :《港九地名志》，香港大学出版社，1958 年。

敬修公立学校建校委员会主编 :《敬修公立学校建校特刊》，约 1961 年。

戴维斯、施力高 :《香港新界莲麻坑铅矿场的地质》，香港大学出版社，1964 年。

华侨服务社编 :《旅英华侨年鉴》，伦敦华侨服务社，1965 年。

彭琪瑞撰，钮柏燊译 :《香港矿物》，香港市政局，1979 年。

卢文迪、彭家礼、陈泽宪编 :《华工出国史料汇编（第五辑）: 关于东南亚华工的私人著作》，中华书局，1984 年。

卢文迪、彭家礼、陈泽宪编 :《华工出国史料汇编（第六辑）: 拉丁美洲华工》，中华书局，1984 年。

张祖基等 :《客家旧礼俗》，台北罗文图书公司，1986 年。

明基全、何惠仪、游子安 :《教不倦 : 新界传统教育的蜕变》，香港区域市政局，1996 年。

香江梵宇出版委员会 :《香江梵宇》，香江梵宇出版委员会，1999 年。

林建新 :《鱼鱼得水》，香港郊野公园之友会、香港大学地理学系、天地图书有限公司，2002 年。

叶国梁等 :《风水林》，香港郊野公园之友会、渔农自然护理署、天地图书有限公司，2004 年。

谭子慧：《新界北深度游》，香港郊野公园之友会、天地图书有限公司，2008年。

卜永坚：《史料介绍——新安客籍例案录》，载《田野与文献：华南研究数据中心通讯》第五十八期，2010年1月15日。

深圳市梧桐山风景区管理处：《梧桐烟云——梧桐山史料与传说》，深圳报业集团出版社，2010年。

共融网络：《莲麻坑·人·物·情：辛亥革命百周年纪念》，香港共融网络，2011年。

刘智鹏、黄玲、孙霄主编：《中英街与沙头角禁区》，香港和平图书有限公司，2011年。

莲麻坑叶定仕事迹编辑委员会：《叶定仕——新界原居民中的辛亥革命元老》，香港莲麻坑村公所、共融网络，2012年。

李峻嵘：《足球王国：战后初期的香港足球》，三联书店（香港）有限公司，2015年。

叶鸿辉：《叫我阿辉——香港足球代表队门将叶鸿辉》，香港莲麻坑村公所、共融网络，2016年。

刘智鹏等编著：《中国概况：香港》，外文出版社，2015年。

刘蜀永主编：《简明香港史》，三联书店（香港）有限公司，2016年。

编后记

从2004年在岭南大学举办的“香港地方志座谈会”算起，刘智鹏教授、丁新豹博士和刘蜀永教授等推动香港地方志工程已经十年有余。这项工作得到香港学术界、传媒界和诸多社会知名人士普遍赞同，但由于经费问题一直无法解决，《香港通志》的编修迟迟不能正式启动。在这种情况之下，只能先做一些与香港史志有关但规模较小的研究项目，《莲麻坑村志》就是其中之一。

2011年，应叶定仕之子叶瑞山先生邀请，香港地方志办公室协助修改叶定仕传略，有机会对莲麻坑村的历史和现状有较多的了解。方志办认为，编修一部《莲麻坑村志》，不仅是为该村保留文化遗产，亦可通过莲麻坑个案，加深香港市民对新界历史、新界生态环境、辛亥革命史、抗日战争史、内地与香港关系史和客家文化的认识，对《香港通志》的编修，对香港的历史教育，都是一件有意义的工作。当时共融网络对莲麻坑进行过初步的研究，编写了一本题为《莲麻坑人・物・情》的小册子，所以刘蜀永教授邀请苏万兴先生参与村志的编修，并一起担任主编。

本书是香港按照志书体例编修的第一本村志，也是香港地方志办公室完成的第一本志书。我们按照现代志书的体例编修，也力求有所创新和突破。经过两年多兢兢业业的努力，几易其稿方完成初稿，但感到仍有许多缺憾，例如地理部分过于简单。期望海内外方家不吝指正。

传统志书有些会提到资料来源，新编地方志则普遍不注明资料来源。为使读者确信资料的可信度，并为有心人进一步研究提供方便，我们在这本志书中尽可能注明资料出处。

关于志书人物，本应采取“生不立传”的原则。然而考虑到该村志不断续修的可能性不大，为避免资料流失，我们特辟分目名人与莲麻坑和人物表，记载本村有社会贡献的健在者事迹。

这本志书能够问世，首先要归功于莲麻坑村公所，特别是村公所主席叶华清先生对修志的理解和热情。他们不仅提供研究和出版费用，积极配合考察和访谈工作，还将珍藏的许多第一手历史资料，例如族谱、地契、收租簿、过境耕作证等毫无保留地供我们研究。叶华清先生还逐字逐句地审阅初稿，提出具体的修改建议。

莲麻坑村民叶伟彰博士、叶瑞山先生、叶玉安先生和叶祥励先生等为本书的编修做出了重大贡献。叶伟彰博士热心地推荐访谈对象，并提供了许多有价值的族谱、图片等资料。他提供的《叶吉崇帖式》《叶伟彰帖式》和一整套敬修学校学生用书尤显珍贵。叶瑞山先生详尽地介绍了叶定仕故居列为法定古迹的过程，并提供了许多珍藏的地契、文献等资料。叶玉安先生熟悉村内的百草动物、风俗掌故，如数家珍般向我们一一解说。他还陪同我们四处考察，曾多次带我们前往山高路陡的红花寨、红花岭踏勘。叶祥励、叶玉如父女翻箱倒柜，找出许多很有价值的照片，其中 20 世纪 30 年代叶祥励与父母的合影、20 世纪 60 年代莲麻坑乡亲去英国搭乘的轮船照片等弥足珍贵。叶华清、叶长风、叶汉雄、叶祥霖、叶伟彰、叶玉安、叶秋平、叶维里、叶瑞山、叶新才、叶观保、叶关保、叶盘带、叶祥友、叶祥励、叶岑生、叶文兴、叶瑞光、冼天发、冼万能、官天生、刘慰林、刘国强、张明有、张育军等村民提供料大量口述历史资料。叶运强、叶威雄、叶剑桥、黄叶莉薇等提供了人物传的文字和图片资料。其他图片由本书编纂委员会提供。

村外许多热心人士也为本书的编修作出了重要贡献。西贡乡事委员会副主席何观顺议员对客家语言文化素有研究。他在叶伟彰博士的协助下完成本书语言部分的编修工作，为莲麻坑客家语言保留了宝贵的历史记录。他还协助校勘本书艺文部分刊出的《叶吉崇帖式》《叶伟彰帖式》中的所有资料。谢卓言校长、胡咏智老师和周瑛先生提供了有关敬修学校和长命桥（国际桥）的口述历史资料。胡咏智老师是摄影爱好者，他提供的 20 世纪 60 年代莲麻坑“风水塘”和敬修学校的老照片让我们惊喜不已。王明爱、岑远之、卢朝基等侨界前辈和朋友协助我们收集到很难找到的刘一帆传记资料。阮志博士的专著为我们提供了诸多进一步研究的线索。他表示愿意我们引用他的研究成果。渔农自然护理署提供了莲麻坑动物的珍贵照片。发展局树木管理办事处总监周锦超博士在百忙之中，仔细审阅了本书植物部分，并提供许多修改意见。

香港地方志办公室主任刘智鹏教授为本书繁体字版题写书名。香港地方志办公室研究主任姜耀麟先生作为刘蜀永教授的助手，自始至终参加了本书口述历史资料的收集工作，并撰写本书许多部分的初稿，对本书的编修贡献良多。刘蜀永教授助手严柔媛小姐在编写本书简体字版时，协组整理、校对及收集资料，为我们提供了不少协助。

本书繁体字版 2015 年由中华书局（香港）有限公司出版后，得到不少香港市民特别是新界原居民的肯定；内地方志专家黄玲、梁滨久撰文推介。2016 年 12 月，中国地方志指导小组办公室（简称中指办）主任冀祥德率团到访香港地方志办公室，看到这本村志，并告知内地正在筹备编辑中国名村志丛书。我们闻讯主动申请将本书列入该系列，得到中指办的赞同与支持。

我们认为，将香港的《莲麻坑村志》列入中国名村志丛书，在一定程度上体现出一国两制的精神。这体现出香港和内地都在一国的范围之内弘扬中国传统文化，又展示出香港和内地不同的修志方式。根据中国名村志丛书的要求，我们对原有篇目做了一些调整，同时又保留了原有的一些特色。

叶华清、叶伟彰、叶玉安、叶稳坚和叶官和、叶鸿辉父子热心支持本书补充、修订。中华书局（香港）有限公司总编辑赵东晓博士对本书列入中国名村志丛书给予肯定和支持。中指办陈旭处长仔细审阅了本书简体字版，提出许多宝贵的修改意见。

本书可以说是集体智慧的结晶。在本书简体字版列入中国名村志丛书出版之际，我们愿向所有参与和支持本书编纂和修订的朋友表示由衷的谢意。

编　者

2021 年 9 月

中国名村志丛书

《中洪村志》
《仁里村志》
《青林寺村志》
《魁胆村志》
《黄里村志》
《李家疃村志》
《扬美村志》
《马头溪村志》
《大京村志》
《凌庄子村志》
《古现东村志》
《上岳村志》
《双街村志》
《开弦弓村志》
《乔李村志》
《庙宫村志》
《梁堡村志》
《陶家岕社区志》
《八岔村志》
《高碑店村志》
《陈砦村志》
《东岭村志》
《獐岛村志》
《防川村志》
《王兰庄村志》
《兰英村志》
《麻扎村志》
《堆谷山村志》
《韦小庄村志》
《城畈村（社区）志》
《石塘村志》
《隆里所村志》
《黄瓜山村志》
《三山村志》
《杨湾村志》
《陆巷村志》
《荷花村志》
《新生村志》
《石牌村志》
《尧治河村志》
《党家村志》
《东龙村志》
《官渡社区志》
《九保村志》

《焦庄户村志》
《肇兴村志》
《江东村志》
《宝坪村志》
《沙滩村志》
《鹏城社区志》
《塘尾村志》
《牡丹村志》
《北山社区志》
《万家村志》
《樵岭前村志》
《新城村志》
《井塘村志》
《花园河村志》
《白雾村志》
《花茂村志》
《水峪村志》
《南社村志》
《北崮山村志》
《德夯村志》
《长城村志》
《莲麻坑村志》
《电站村志》
《外三道沟村志》
《双凤村志》